Seguridad informática y firma digital. IFCM026PO

Antonio Luis Cardador Cabello

ic editorial

Seguridad informática y firma digital.IFCM026PO
© Antonio Luis Cardador Cabello

1ª Edición

© IC Editorial, 2018

Editado por: IC Editorial
c/ Cueva de Viera, 2, Local 3
Centro Negocios CADI
29200 Antequera (Málaga)
Teléfono: 952 70 60 04
Fax: 952 84 55 03
Correo electrónico: iceditorial@iceditorial.com
Internet: www.iceditorial.com

ISBN: 978-84-1184-479-6
Depósito Legal: MA 2717-2024

Impresión: PODiPrint
Impreso en Andalucía – España

Nota de la editorial: IC Editorial pertenece a Innovación y Cualificación S. L.

Especialidad formativa

Se entiende por especialidad formativa la agrupación de contenidos, competencias profesionales y especificaciones técnicas que responde a un conjunto de actividades de trabajo enmarcadas en una fase del proceso de producción y con funciones afines.

Las especialidades formativas de Uso General, Formación Complementaria, Formación Modular y las especialidades formativas dirigidas a la obtención de certificados de profesionalidad se incluyen en el Fichero de Especialidades del Servicio Público de Empleo Estatal para su gestión en todo el territorio nacional por cualquier Administración competente.

Las especialidades complementarias, pertenecen todas a la Familia profesional de Formación Complementaria (FCO) y tienen la consideración de formación transversal en áreas que se consideran prioritarias tanto en el marco de la Estrategia Europea para el Empleo y del Sistema Nacional de Empleo como en las directrices establecidas por la Unión Europea. Se consideran áreas prioritarias las relativas a tecnologías de la información y la comunicación, la prevención de riesgos laborales, la sensibilización en medio ambiente, la promoción de la igualdad, la orientación profesional y aquellas otras que se establezcan por la Administración competente.

Las especialidades de Certificado de profesionalidad tienen una duración especificada en su normativa reguladora.

En el resultado de la búsqueda, se muestran las unidades de competencia, todos los módulos formativos con su duración y las unidades formativas del certificado correspondiente, con su duración. Las horas del certificado, exclusivo de las especialidades de certificado de profesionalidad, con alta igual o superior a 2008, son las horas totales más las horas del módulo de Prácticas Profesionales no Laborales.

- ⊃ **Si la especialidad tiene unidades formativas,** las horas totales, presencial, distancia, teleformación serán igual a la suma de esas horas de las unidades formativas de los distintos módulos, sin que se repita ninguna Unidad formativa.

➲ **Si la especialidad no tiene unidades formativas,** las horas totales, presencial, distancia, teleformación serán igual a las sumas de esas horas de los módulos formativos, eliminando las horas de los módulos repetidos.

https://sede.sepe.gob.es/especialidadesformativas/RXBuscadorEFRED/BusquedaEspecialidades.do

(Fuente: Servicio Público de Empleo Estatal)

Índice

OBJETIVO GENERAL

Los objetivos generales del **IFCM026PO. Seguridad informática y firma digital,** son los siguientes:

- Conocer las diferencias entre firma electrónica y firma digital, conocer los distintos certificados existentes y las amenazas sobre la autenticidad de las firmas, conocer sistemas de seguridad informática en la empresa.
- Obtener la firma electrónica y manejarla adecuadamente para poder realizar los trámites necesarios en el medio *online*.
- Reconocer los diferentes tipos de certificados digitales que hay en el mercado actual, así como su utilidad y características.
- Reconocer los diferentes sistemas de seguridad en la empresa, así como los protocolos de seguridad que se aplican.

Firma electrónica / firma digital

Contenido

Objetivos

El objetivo general de esta Unidad de Aprendizaje es:

→ Obtener la firma electrónica y manejarla adecuadamente para poder realizar los trámites necesarios en el medio *online*.

Los objetivos específicos de esta Unidad de Aprendizaje son:

→ Diferenciar firma electrónica, firma digital y certificado electrónico.

→ Obtener un certificado digital válido.

→ Realizar acciones básicas con los certificados digitales, como su localización, importación o exportación.

→ Firmar digitalmente un documento, comprobando su validez tras el proceso de firma.

1. Introducción

La **firma** o **rúbrica** surge del concepto de grafología, también se puede conocer por los nombres de firma manuscrita o firma ológrafa, y consiste en una escritura (normalmente asociada a un grafo) mediante la cual se identifica o se representa el nombre, los apellidos o un título.

Este tipo de firma, a diferencia de otras, se caracteriza por que está escrita a mano y su fin u **objetivo es identificativo.** Por ejemplo, ante entornos jurídicos, económicos, bancarios, etc.

Pero ante la aparición de los **nuevos entornos digitales** surgen nuevos procedimientos y necesidades en torno a los mismos. Así, en un medio digital aparecen los siguientes conceptos de firma: **firma electrónica, firma digital y certificado digital.**

Durante el desarrollo de la unidad verás en qué consiste la firma electrónica y digital, cómo puedes obtener un certificado digital, de qué manera puedes importar y exportar certificados al navegador de un dispositivo informático y firmar digitalmente documentos, así como verificar documentos firmados digitalmente.

Para ello nos basaremos en el caso de Asegral, una empresa que tiene ya 40 años de vida. Era propiedad del padre de María, quien ahora se ha hecho cargo de la gerencia de la misma al jubilarse su padre, y que está emprendiendo el camino hacia la transformación digital. Para ello, ha comenzado también a realizar todos sus trámites de forma *online*.

2. La importancia de la firma

👉 HILO CONDUCTOR

Al llegar a la empresa, María ha visto que era necesario emprender el camino hacia la transformación digital, puesto que de otro modo la empresa no logrará sobrevivir a los nuevos tiempos. Por ello ha estado desarrollando una serie de acciones para cambiar la cultura y filosofía empresarial y, con el personal ya preparado para el cambio, ha llegado el momento de comenzar a realizar pequeñas acciones para comenzar a recorrer ese camino.

Continúa en página siguiente >>

<< Viene de página anterior

Uno de los aspectos que se verán modificados son los procesos documentales, que comenzarán a realizarse de forma digital; esto ahorrará tiempo y desplazamientos. Para ello, un aspecto esencial es garantizar la seguridad en los trámites que se realicen, siendo esencial en este sentido la firma.

Una firma o rúbrica tiene por objetivo poder **identificar a una determinada persona** en un cierto tipo de documento que está firmado por esta.

IMPORTANTE

Estos documentos tienen una validez reconocida por ley.

La **falsificación de una firma** o rúbrica por parte de otra persona con otros fines que no sean los identificativos está **penada por la ley,** por ejemplo, en caso de falsificación de la misma con el fin de intentar sacar dinero del banco sin autorización del titular.

NOTA

Dependiendo de los casos en los que se realice la falsificación, esto puede llevar asociadas penas de cárcel.

La firma puede ser **tan simple como se quiera;** de hecho, una firma puede constar únicamente de las iniciales correspondientes al nombre y a los apellidos, por ejemplo.

Pero debe tener unos **rasgos personalizados,** como las trazas o la forma de hacer las iniciales, dado que la escritura de cada persona es única. Esto es lo que estudia la grafología, que permite averiguar qué firmas son verdaderas y cuáles son falsificadas.

DEFINICIÓN

Grafología

Ciencia dedicada al estudio de la personalidad de los individuos de una sociedad mediante la interpretación de los aspectos gráficos de su escritura manuscrita. Dicha ciencia se remonta al siglo IV a. C.

La firma o rúbrica se compone de una serie de **líneas, trazos** o **dibujos,** cuyo fin es que la firma **no pueda ser reproducida** por otra persona.

Ejemplo de una firma que se compone de líneas y trazos que, unidos entre sí, forman un dibujo

IMPORTANTE

Los rasgos propios de cada individuo se reflejan en su escritura, por lo que mediante el estudio de los trazos se puede detectar si una firma es realmente de una persona o la han imitado.

SABÍAS QUE...

Antiguamente, dado que era normal ser "analfabeto", las firmas manuscritas muchas veces se correspondían con una "X", al no saber las personas ni leer ni escribir.

En los medios digitales aparecen los siguientes conceptos de firma:

Firma electrónica	Firma digital	Certificado digital
- Conjunto de datos digitales que son utilizados con el objetivo de identificar a un firmante.	- Conjunto de caracteres que se añaden al final de un documento o mensaje para informar, dar validez y seguridad al mismo.	- Documento, fichero o archivo informático que se usa para identificarse en la red y que está autentificado por terceros de confianza. Contiene la firma digital.

3. Firma electrónica

 HILO CONDUCTOR

En Asegral, María ha querido dejar claro a los empleados que la firma manuscrita es totalmente equivalente a la firma electrónica y al revés, para que sepan desde el primer momento lo que es una firma electrónica.

Además, les ha hecho ver la importancia de la misma y lo beneficioso que puede ser su uso, pudiendo acceder desde casa, de forma instantánea, a multitud de posibilidades. Por ello, son muchos los que ya han acudido a María para interesarse por su funcionamiento.

La firma electrónica es un tipo de firma usada en medios *online* que se compone de un **conjunto de datos electrónicos los cuales se asocian o**

anexan a un determinado documento de naturaleza digital y cuyas funciones son las siguientes:

Permitir la identificación del firmante inequívocamente
- Una firma electrónica va a identificar digitalmente a una determinada persona.

Asegurar la integridad del documento firmado
- Debe asegurarse que, una vez que el documento ha sido firmado, este no ha sufrido cambios respecto del documento original sin firmar electrónicamente, es decir, no ha sido manipulado con otros objetivos.

Asegurar la integridad de la firma
- Dado que la firma electrónica identifica digitalmente a un individuo, si este realiza dicha firma no puede decir después que esa firma digital no es suya.

Así, la firma electrónica debe cumplir los siguientes **requisitos:**

- **Identificar al firmante.** Una firma electrónica tiene que identificar de forma unívoca al firmante.
- **Verificar la integridad del documento firmado.** Se asegura que el documento firmado es exactamente igual al original y que no ha sufrido alteraciones o manipulaciones.
- **Garantizar el no repudio en el origen.** Una vez que ha sido usada la firma electrónica no se puede renegar de ella, dado que identifica a una persona física.
- **Contar con la participación de terceros de confianza.** Se necesita de entidades externas o terceros, por ejemplo, para realizar una validación de firma electrónica, lo cual aporta más confianza a todo el proceso.
- **Basarse en un certificado electrónico reconocido.** La firma debe estar basada en un certificado que esté reconocido.
- **Ser generada con un dispositivo para crear firmas.** La firma debe ser generada con un dispositivo de creación de firmas, el cual garantiza que las claves usadas sean únicas y secretas y que no se altere el contenido del documento cuando se firme electrónicamente.

Los cuatro primeros puntos se consiguen mediante el uso de las claves criptográficas y gracias a la ayuda de las autoridades de certificación, que generan confianza en la entrega de certificados.

 **DEFINICIÓN**

Claves criptográficas

Fragmento de información que controla un determinado algoritmo criptográfico, y generalmente se corresponde con una combinación de letras y/o números mediante la cual se procede a cifrar la información de un determinado mensaje o documento.

Autoridades de certificación

Conocidas como CA o AC, son entidades de confianza cuyo fin es emitir y revocar certificados, utilizando en ellos la firma electrónica.

Como ves, es necesario contar con la participación de terceros de confianza. En este sentido, desde el Gobierno se pone a disposición de los ciudadanos un listado de los **prestadores de servicios electrónicos de confianza cualificados.**

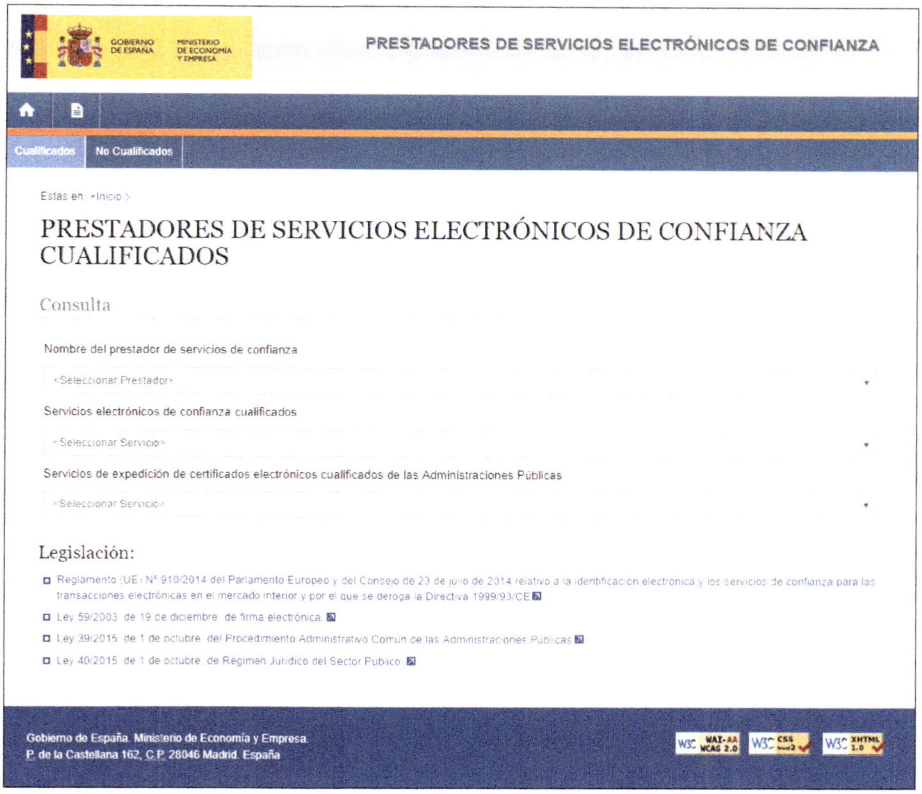

Los ciudadanos pueden consultar los prestadores de servicios electrónicos cualificados o sin cualificar impuestos por el Gobierno de España para actuar como terceros.

NOTA

Puedes realizar esta consulta sobre los prestadores accediendo al siguiente enlace:

https://redirectoronline.com/ifcm026po0101

Otro de los requisitos para poder usar la firma electrónica en el medio digital (internet) es que es necesario **disponer de un certificado digital.** Pero, ¿existe algún otro equivalente a este certificado?

 **EJEMPLO**

Rosario necesita firmar digitalmente un documento, pero siempre tiene problemas al hacerlo con la firma instalada en su ordenador... se le da muy mal todo lo relacionado con la informática. ¿Qué otras alternativas tiene a la instalación del certificado digital?

El actual DNIe puede sustituir al certificado digital, es exactamente igual. Contiene las claves criptográficas que permiten la necesaria identificación. Para su uso es necesario contar con un lector.

Es necesario el certificado, o el DNIe, dado que este incluye una serie de **claves de criptografía** que son totalmente necesarias a la hora de firmar digitalmente el documento. Son imprescindibles porque identifican inequívocamente a quien lo posee y con la seguridad de que es válido porque es emitido por **proveedores de servicios de certificación** (terceros).

Lector de tarjetas con certificado digital, necesario para el uso del DNIe

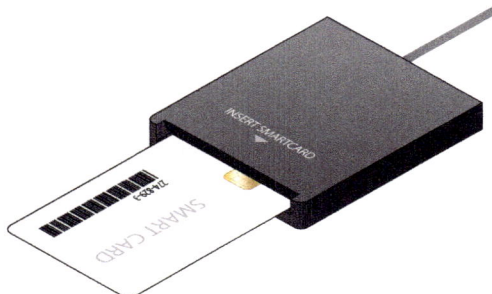

IMPORTANTE

La firma electrónica es un documento electrónico válido a efectos legales, que debes conservar bien seguro.

- -

3.1. El proceso de firma electrónica

A continuación, puedes ver cómo se lleva a cabo el **proceso básico de firma electrónica:**

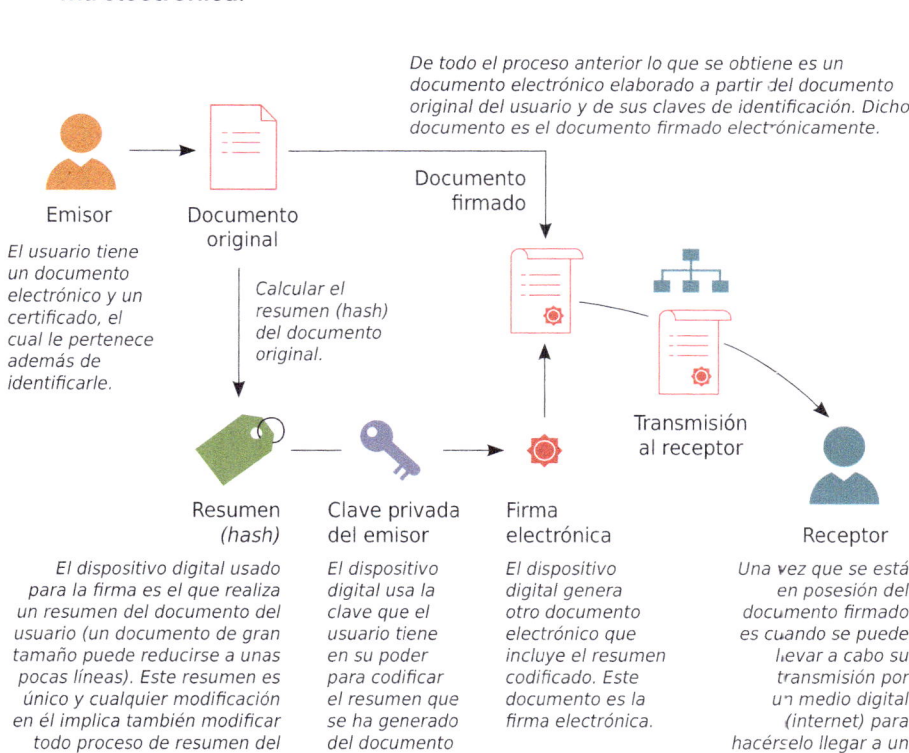

De todo el proceso anterior lo que se obtiene es un documento electrónico elaborado a partir del documento original del usuario y de sus claves de identificación. Dicho documento es el documento firmado electrónicamente.

Documento firmado

Emisor

El usuario tiene un documento electrónico y un certificado, el cual le pertenece además de identificarle.

Documento original

Calcular el resumen (hash) del documento original.

Transmisión al receptor

Resumen (hash)

El dispositivo digital usado para la firma es el que realiza un resumen del documento del usuario (un documento de gran tamaño puede reducirse a unas pocas líneas). Este resumen es único y cualquier modificación en él implica también modificar todo proceso de resumen del documento.

Clave privada del emisor

El dispositivo digital usa la clave que el usuario tiene en su poder para codificar el resumen que se ha generado del documento digital.

Firma electrónica

El dispositivo digital genera otro documento electrónico que incluye el resumen codificado. Este documento es la firma electrónica.

Receptor

Una vez que se está en posesión del documento firmado es cuando se puede llevar a cabo su transmisión por un medio digital (internet) para hacérselo llegar a un determinado receptor.

3.2. Cómo firmar documentos electrónicamente

Ya sabes cómo funciona el proceso de firma electrónica, pero seguro que te has preguntado cómo puedes firmar electrónicamente un documento.

A la hora de **firmar un documento electrónicamente** es normal que aparezcan las siguientes dudas:

● ¿Qué herramienta usar para firmar un documento?

● ¿Qué *software* hay que instalar en el equipo o dispositivo?

● Cuando se firma un documento, ¿hay que instalar algo en el navegador que haga el proceso automático?

● ¿Cómo se instala y usa el lector de DNI electrónico en los equipos o dispositivos?

A la hora de firmar digitalmente todo es telemático, inclusive la firma.

Dado que se trata de firmar electrónicamente, esto debe llevarse a cabo mediante **medios digitales** y para ello puedes hacerlo de dos formas:

Descargando una aplicación en el equipo/dispositivo	Firmando directamente en internet
- En este caso se usa un *software* que se instala en el equipo o dispositivo y desde el cual se realiza la firma sin necesidad de estar conectados a internet.	- Esta forma es muy usada sobre formularios o solicitudes de páginas webs (sobre todo, en lo referente a la Administración pública) y consiste en firmar directamente en internet usando algún tipo de servicio ofrecido para tal fin.

 **PARA SABER MÁS**

Puedes acceder a los siguientes enlaces para ver algunas aplicaciones *software* para la firma electrónica, así como una web para firmar electrónicamente en internet:

https://redirectoronline.com/ifcm026po0102

https://redirectoronline.com/ifcm026po0103

Así, cualquiera de las formas de firmar será válida para llevar a cabo el proceso, podrás elegir una u otra en función del trámite que quieras realizar. En cualquier caso, la firma electrónica va a permitir: **identificar al firmante, integridad de los datos** y **no repudio.**

Pero además, también permite realizar otro tipo de **operaciones cotidianas** que requieren de una firma para validarlas, entre las que se encuentran:

> Declaración de la renta a través de internet

> Petición de vida laboral

Continúa en página siguiente >>

<< Viene de página anterior

> Firma de correos electrónicos

> Solicitar registros electrónicos administrativos

> Gestión de notificaciones electrónicas

> Firma de facturas electrónicas

3.3. Cómo verificar un documento ya firmado

☞ HILO CONDUCTOR

Además de firmar los documentos de forma digital, en Asegral también han dado un giro a la forma de tratar la documentación de los clientes. Ahora permiten la opción de la firma digital, por lo que el cliente ya no tiene por qué desplazarse a las oficinas de Asegral, puede firmar los documentos cómodamente desde casa y enviarlos por correo electrónico.

Pero cuando reciben algún tipo de documento que viene firmado digitalmente, lo primero que hacen al recibirlo es comprobar la integridad de la firma de dicho documento. Si resulta que la firma no es válida, como regla de empresa se reenvía el documento a la dirección de envío recibida explicándoles que la firma no es válida.

- -

Pero, ¿cómo se puede **verificar un documento ya firmado?**

En el caso de querer verificar un documento ya firmado o un documento que te ha llegado ya firmado puedes hacerlo realizando para ello una **comparación de los datos firmados con los originales.**

También se pueden verificar otros aspectos, como son:

> Que el certificado con el que se ha firmado es válido

> Que la estructura del documento es correcta

Para **comprobar** todo lo anterior y **ver quién es el firmante** puedes usar el portal de firma electrónica VALIDe.

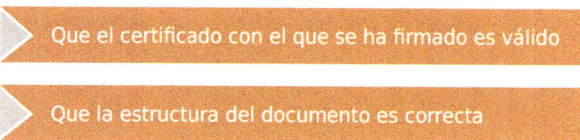

Desde VALIDe se puede validar la firma y visualizar la firma de un documento electrónico.

3.4. Legislación asociada a la firma electrónica

Al firmar datos, aceptas una serie de **condiciones generales y particulares** que se aplican a la firma electrónica añadiendo un campo firmado (normalmente dentro de la firma) que se asocia con una determinada política.

 **NOTA**

La finalidad de esta política de firma consiste en dar una mayor robustez a las transacciones electrónicas a través de internet, que se ajustan a unas determinadas condiciones en un determinado contexto.

La firma electrónica se encuentra regulada en España por la Ley 6/2020, de 11 de noviembre, reguladora de determinados aspectos de los servicios electrónicos de confianza.

 **PARA SABER MÁS**

Accede al siguiente enlace para consultar la Ley reguladora de determinados aspectos de los servicios electrónicos de confianza:

https://redirectoronline.com/ifcm026po0115

3.5. Trabajando con certificados

👉 **HILO CONDUCTOR**

María ya ha comenzado a utilizar el certificado digital en su día a día y a transmitir ese uso a toda la empresa. Desde que cuenta con su certficado, todas las gestiones que tiene que realizar son mucho más fáciles y rápicas. Se ahorra muchos desplazamientos y esperas.

Aunque al principio no fue todo tan fácil, y antes de transmitir esa filosofía digital a la empresa tuvo que adoptarla ella y afianzar una serie de prácticas: insertar el certificado en su ordenador, llevárselo al ordenador pcrtátil cuando lo necesita, a un navegador distinto, etc.

Como has visto, el certificado electrónico es **necesario para firmar un documento digitalmente,** puede ser útil para realizar muchos trámites, y es necesario que lo almacenes y manejes adecuadamente.

A continuación, verás cómo se llevan a cabo todas esas acciones básicas necesarias para trabajar con el certificado electrónico.

Certificados en *Chrome*

👉 **HILO CONDUCTOR**

María comenzó a utilizar el navegador *Chrome,* pero antes de comenzar a usarlo y establecerlo como su navegador principal tuvo que comprobar que tenía el certificado digital instalado de forma correcta y que podría realizar todas las gestiones necesarias sin inconveniente alguno. Además, antes de usar el certificado digital en el mismo tuvo que actualizar el navegador, ya que tenía una versión muy antigua, de cuando compró el ordenador.

Pero, al hacer todo esto, se llevó la sorpresa de que los certificados que tenía instalados habían desaparecido, por lo que tuvo que pedir ayuda a un especialista informático para que localizara el certificado digital, lo importara a su navegador ya actualizado y pudiera empezar a usarlo lo antes posible.

Si quieres usar el **navegador *Chrome* de *Google,*** lo primero que necesitas es tenerlo instalado en tu equipo informático. Es muy recomendable, al trabajar con certificados y otros mecanismos derivados de los mismos, disponer de la última versión estable de dicha herramienta.

Para **conocer la versión** con la que estás trabajando puedes seguir estos pasos:

● **Acceder al navegador.** Abre el navegador *Google Chrome.* Para hacerlo, haz doble clic con el botón izquierdo del ratón sobre el icono del mismo.

© *Fotografía: Evan Lorne / Shutterstock.com*

● Acceder al menú para la consulta. En la parte superior derecha aparece un icono menú, pulsa sobre él para que aparezca un nuevo menú.
En dicho menú dirígete a **Ayuda > Información de Google Chrome** y pulsa sobre ella para obtener la información relativa al navegador.

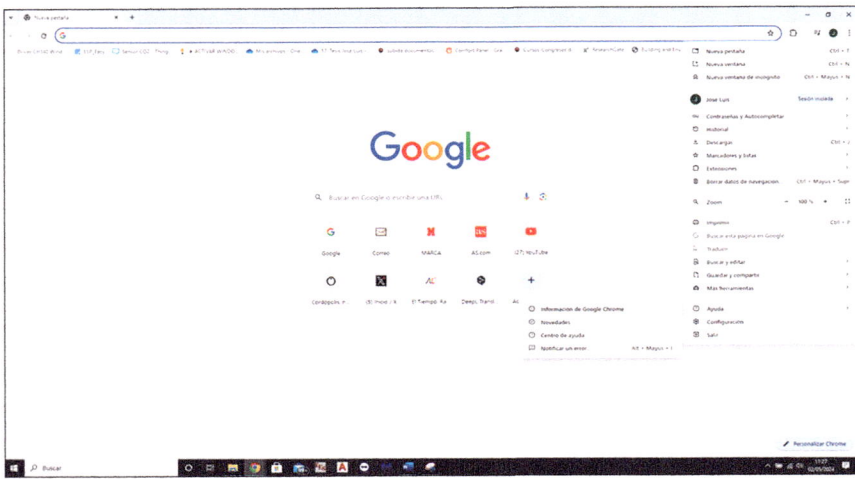

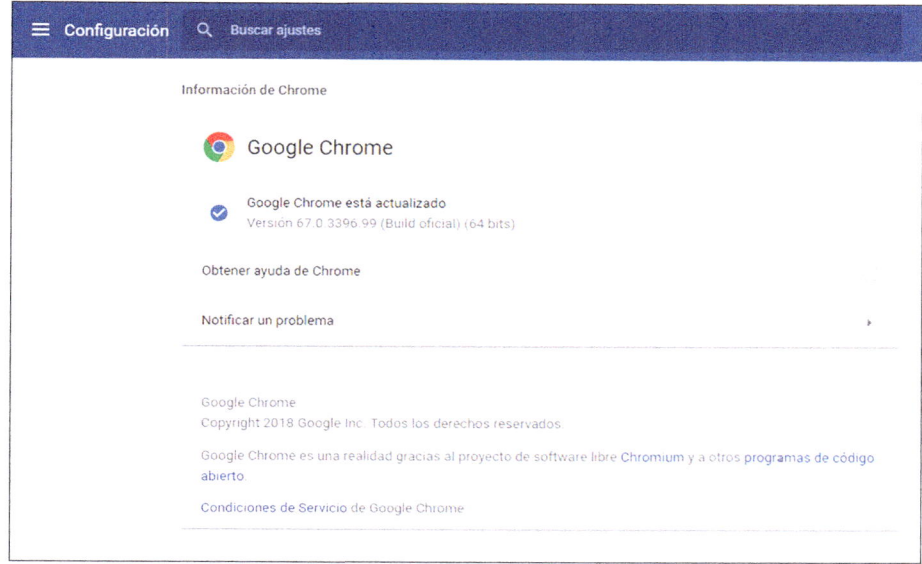

Procedimiento para conocer la versión del navegador Chrome.

En la ventana que aparece puedes comprobar cómo informa ce que el navegador está actualizado; en el caso de que no estuviera actualizado, sería lo primero que tendrías que hacer antes de trabajar con los certificados o firmas.

PARA SABER MÁS

Accede al siguiente enlace para descargarte este navegador, si aún no dispones de él:

https://redirectoronline.com/ifcm026po0105

Una vez que te has asegurado de que el navegador está actualizado, para localizar al **Almacén de Certificados de *Google*** hay que seguir este proceso:

➲ **Configuración.** Localiza el icono superior de la parte derecha de la pantalla (representado por los tres puntos) y pulsa sobre él.

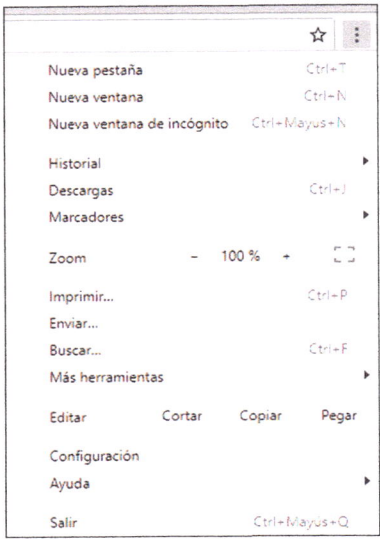

Desde el menú que aparece accede a la opción de **Configuración.** Aparecerá la siguiente pantalla:

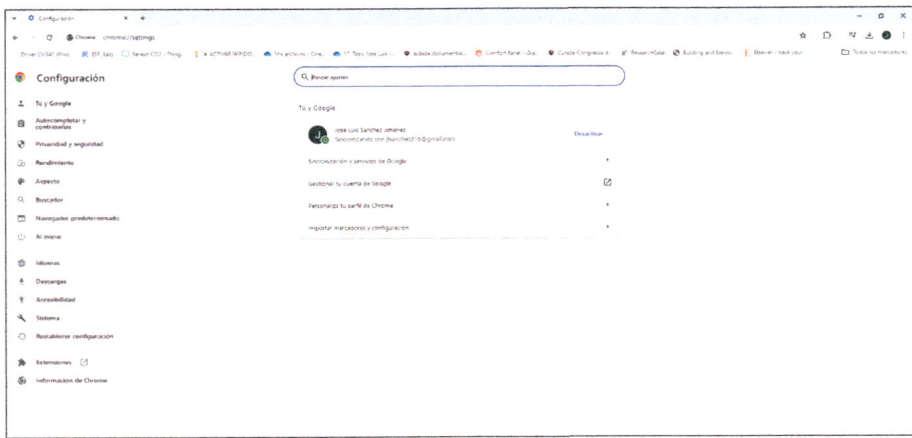

Ventana de Configuración en Google Chrome

➲ **Privacidad y seguridad.** Dentro de la ventana de configuración, pulsa sobre la opción **Privacidad y seguridad.**
Obtendrás una nueva ventana con todas las opciones de configuración.

A continuación, pulsar sobre el apartado de **Seguridad.**

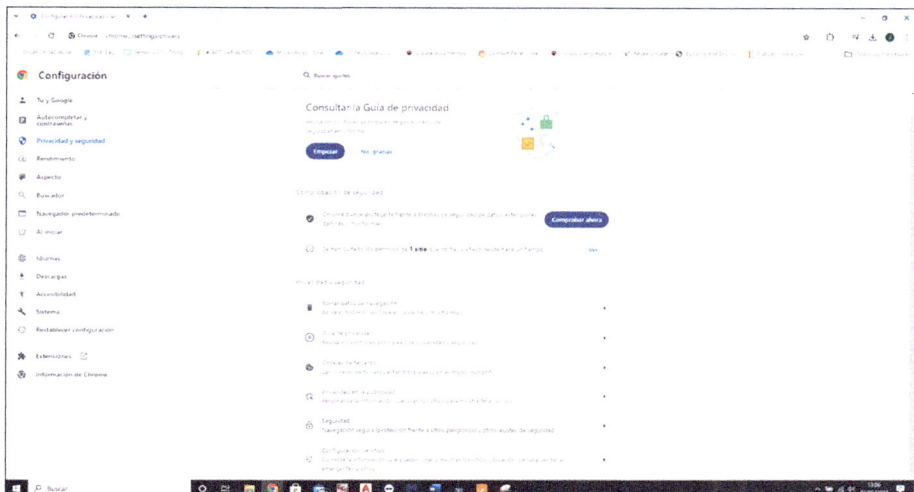

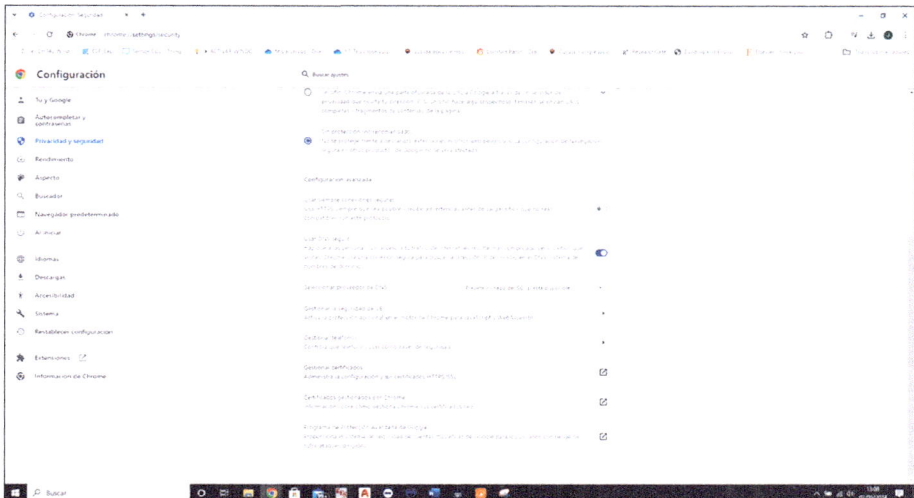

➲ **Gestionar certificados.** Una vez dentro de la configuración avanzada, pulsa Gestionar certificados.

Aparecerá una ventana con los certificados disponibles. Por ejemplo, si cuentas con el DNIe y lo tienes instalado, puedes verlo si accedes a la pestaña Otras personas.

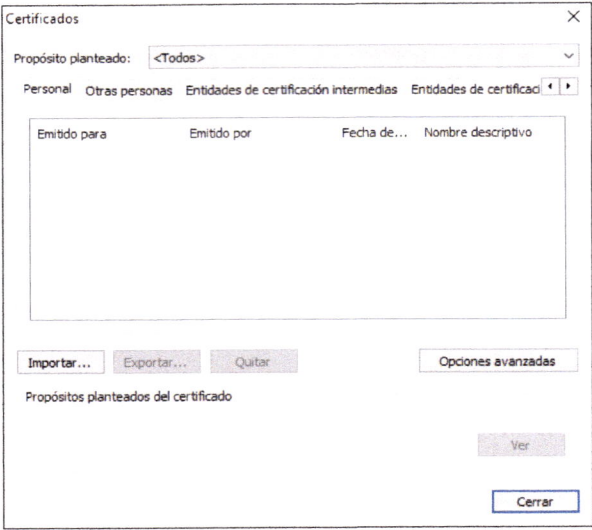

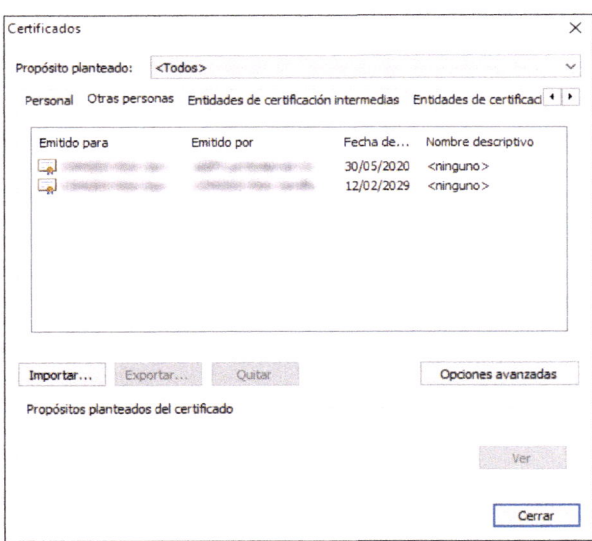

En la imagen anterior puedes observar cómo hay instalados dos certificados, uno emitido por AC FNMT (un certificado personal emitido por la Fábrica

Nacional de Moneda y Timbre) y otro emitido por AC DNI 002 (un certificado asociado al uso de un DNIe).

 DEFINICIÓN

Almacén de Certificados de *Google*
Espacio donde se guardan usuarios y contraseñas, además de los certificados digitales para que cuando lo necesites solamente tengas que escoger el usuario o certificado a utilizar e introducir la contraseña correspondiente para su uso.

 ACTIVIDAD COMPLEMENTARIA

1. Investiga sobre el uso de certificados en otros navegadores, como *Opera, Mozilla Firefox o Microsoft Edge.* Localiza dónde se almacenan los certificados dentro de los mismos.

Inserción de certificados en *Chrome*

 HILO CONDUCTOR

María tiene que estar fuera de casa durante toda la semana y ha de hacer algunas gestiones, por lo que se va a llevar el ordenador portátil.

Normalmente, trabaja con el ordenador de sobremesa, ya que tiene ahí su certificado electrónico, pero ahora lo necesita en el portátil, así que tendrá que incorporarlo.

Como ya sabes dónde se almacenan en *Chrome* los certificados digitales, vas a ver cómo insertar uno para que puedas trabajar con él en dicho navegador. Este proceso se denomina importación.

Para ello, sigue este proceso:

● Accede a la ventana Certificados. Accede a la ventana de certificados a través de **Configuración > Configuración avanzada > Gestionar certificados.**
Para insertar el certificado pulsa el botón **Importar.**

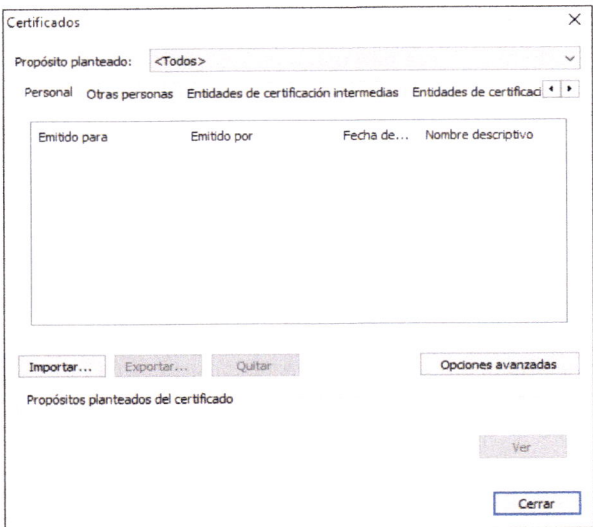

Instalación de certificado en Chrome

● Importa el certificado. A continuación, sigue las indicaciones dadas por el asistente:

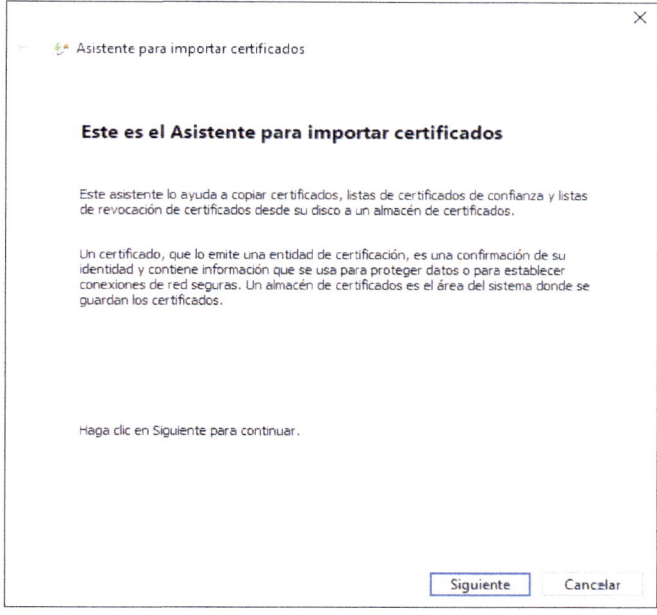

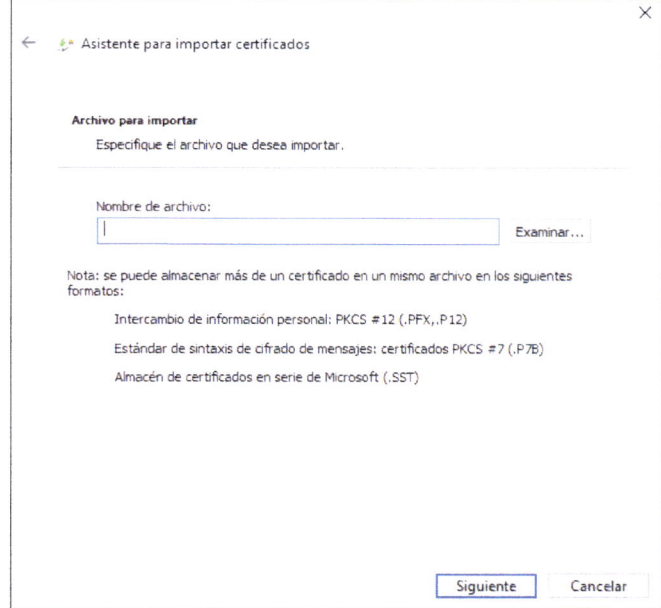

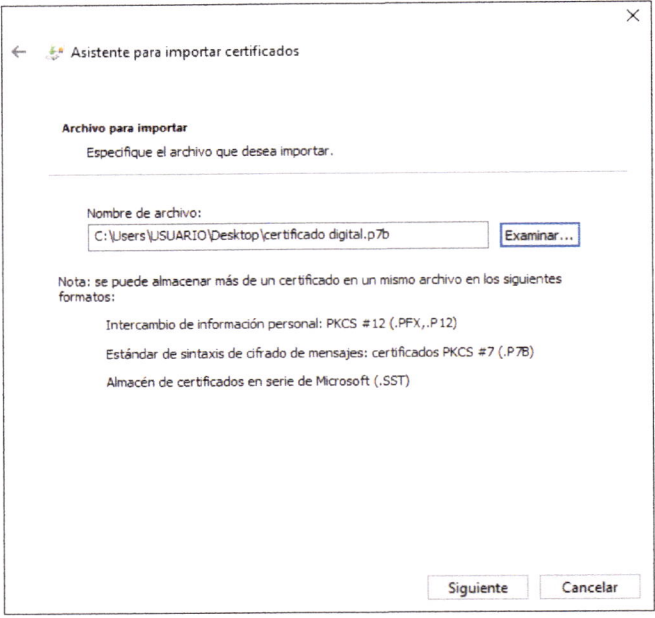

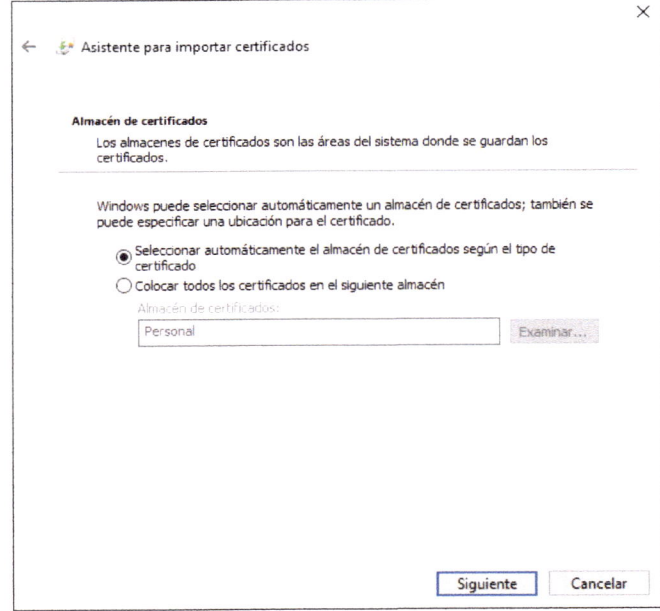

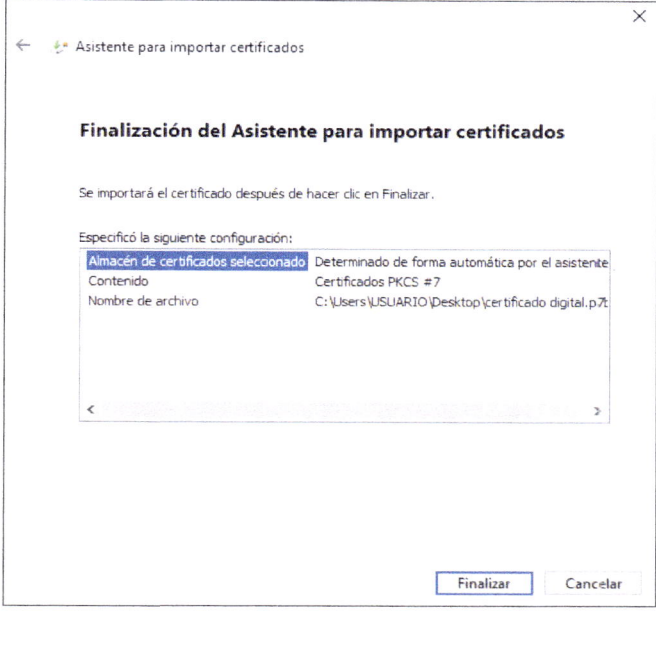

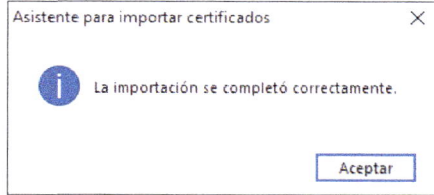

Exportación de certificados en *Chrome*

👉 HILO CONDUCTOR

Antes de que María pueda comenzar a instalar en su ordenador portátil el certificado tiene que tenerlo disponible, pero el único sitio en el que lo tiene es en su ordenador habitual, por lo que tendrá que exportarlo previamente.

También puede darse el proceso contrario a la importación de un certificado, denominándose este proceso **exportación.** Consiste en **extraer un
certificado almacenado en un navegador** para utilizarlo en otro sitio.

A continuación, puedes ver cómo se realiza este proceso en el navegador
Chrome:

◌ Accede a la ventana Certificados. Accede a la ventana de certificados a
través de **Configuración > Configuración avanzada > Gestionar certificados.**
Posiciónate sobre el certificado que desees y pulsa **Exportar.**

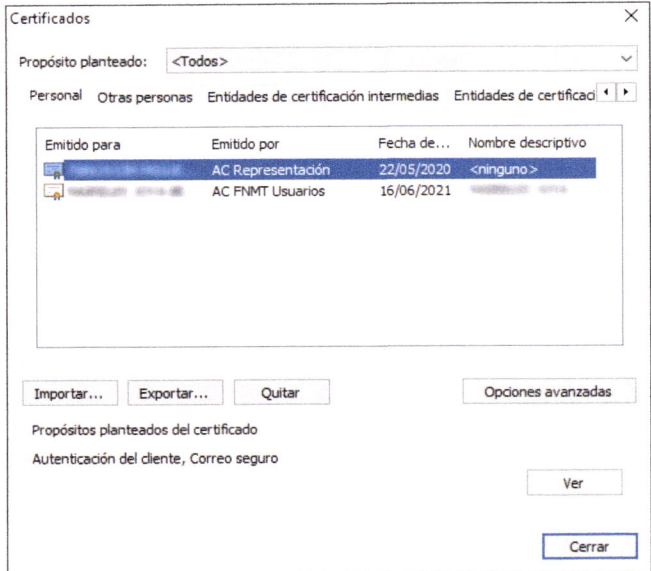

Ventana principal para exportar usuarios

◌ Importa el certificado. A continuación, sigue las indicaciones dadas por
el asistente:

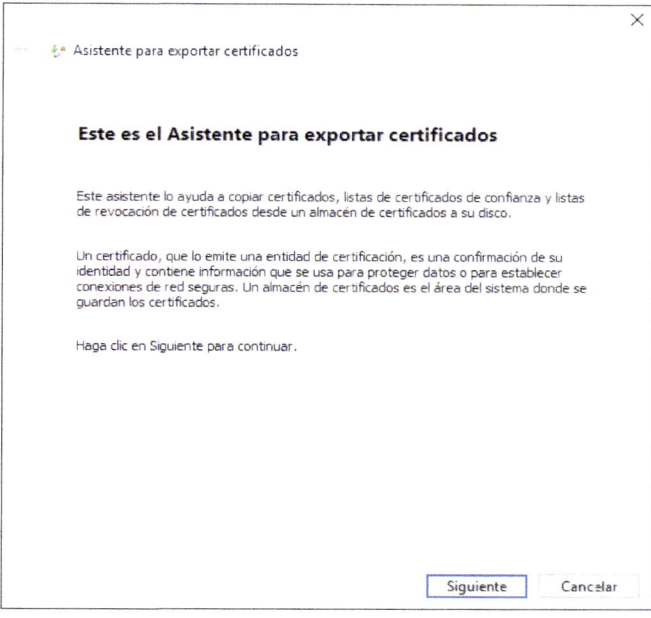

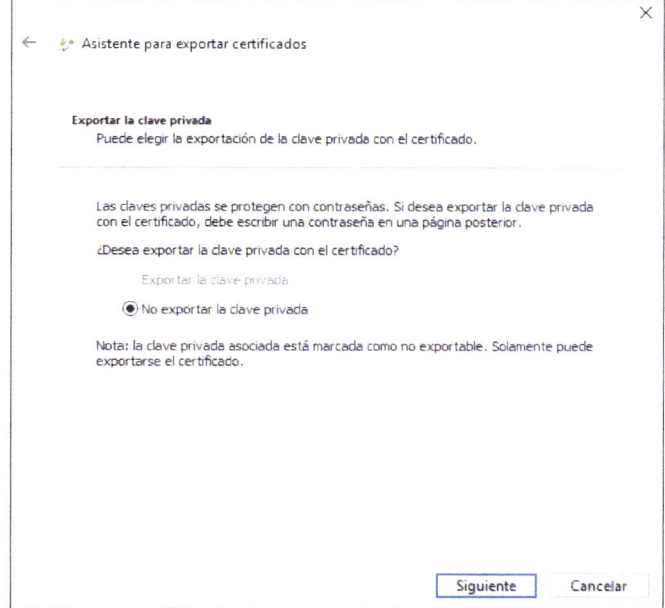

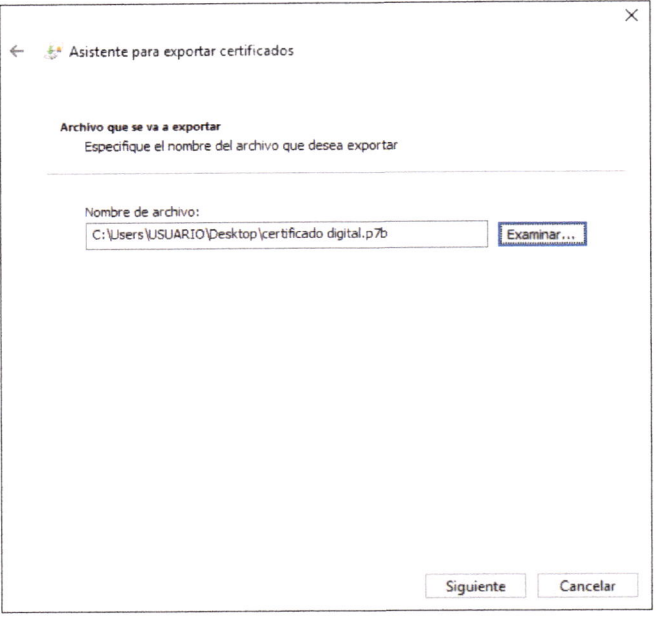

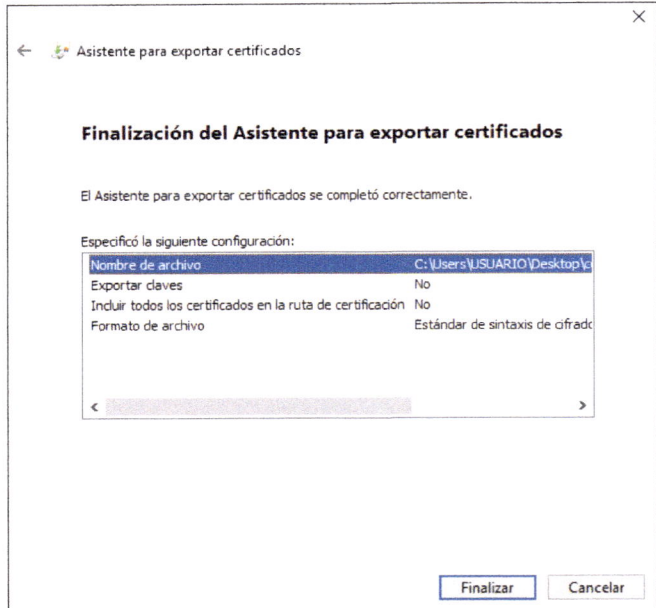

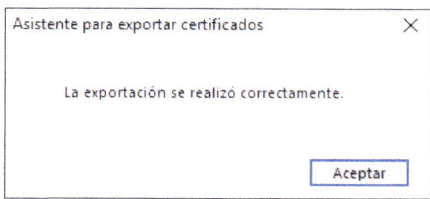

 ACTIVIDAD COMPLEMENTARIA

2. Investiga sobre el uso de certificados en otros navegadores, como *Opera, Mozilla Firefox o Microsoft Edge.* Averigua la forma de importarlos y exportarlos en los mismos.

4. Firma digital

 HILO CONDUCTOR

Algún que otro empleado se muestra desconfiado en relación a la seguridad que pueda ofrecer realizar ciertos trámites a través de internet. María, cuando habla con ellos de la seguridad de la firma digital la compara con el sello de cera que antaño, en la Edad Media, se usaba para cerrar los documentos y estampar sobre él la firma de caucho con la que se trabajaba.

Con esto se quedan más tranquilos, al entender perfectamente el concepto de firma digital. Aunque para confiar plenamente en los medios digitales, aún tienen que seguir venciendo resistencias y recorriendo el camino hacia la transformación digital que han emprendido en la empresa.

Normalmente los usuarios están confundidos con el término firma digital, asociándolo únicamente a la rúbrica digital que se genera, cuando esto no es realmente así.

Una firma digital incluye un **mecanismo de encriptación** mediante el cual el emisor de un determinado documento firmado digitalmente puede identificarse como firmante de tal documento (reglas de autentificación y no repudio de datos), además de poder confirmar que el documento no ha sufrido cambios desde que fue originalmente firmado.

Por lo tanto, se podría identificar con esa rúbrica, pero teniendo en cuenta que lleva el mecanismo de encriptación que la hace fiable y segura.

DEFINICIÓN

Encriptación

Técnica usada en informática sobre los datos, mediante la cual se hace que la información se vuelva ilegible a terceros. Para hacer que la información sea ilegible se usa una llave para cifrar la información, llave sin la cual no se puede descifrar la información, caiga en manos de quien caiga.

En las firmas digitales aparece ese concepto de **llave** o **clave,** que es el que se usa para **generar y utilizar la firma** y sin el cual no puedes hacer nada, es como si fuera el código PIN de acceso a un terminal móvil; si no dispones de él, el terminal sirve de poco…

Además, para dar mayor **robustez y seguridad a las firmas digitales** estas deben tener una serie de propiedades para poder ser usadas; son las siguientes:

- ⊃ **Verificable.** Cualquier firma debe poder pasar un proceso de verificación (sea válido o no, pero debe poder pasarlo). En el caso de resultar válido, esa firma identificará a un determinado firmante, y en caso de ser inválido, no podrá llegar a firmar dado que esta no es correcta.
  Además, muchas entidades jurídicas actualmente tienen que recurrir a la verificación de firmas digitales para poder tomar parte de un lado u otro en los procesos judiciales.
- ⊃ **Única.** Una firma únicamente puede ser originada por el firmante de la misma (que es quien dispone de ella, y no otra persona o entidad); por lo tanto, en teoría, es infalsificable. Es responsabilidad del firmante mantener la firma correctamente.
- ⊃ **Infalsificable.** Dado que la firma va a depender del mensaje o documento que se va a firmar, y dado que todos los mensajes o documentos no son exactamente iguales, resulta complicada (pero no imposible) la falsificación de la misma.
  Como en informática el sector de la piratería siempre va un paso por delante, tuvieron que aparecer una serie de algoritmos para la generación

de claves seguras que se basan en la resolución de problemas matemáticos de gran complejidad; tal es la complejidad que normalmente no pueden ser resueltos por personas si no interviene un dispositivo informático para generar dichos cálculos matemáticos.

- **Innegable.** Una vez que un firmante ha usado una firma no puede repudiar de ella o negar que esa firma sea suya, precisamente por los mecanismos que se establecen para garantizar que una firma identifica a un firmante y no a otro.
- **Transparencia.** Una firma debe ser totalmente transparente en cuanto a su uso por parte del usuario, es decir, a este último no le importan los mecanismos o algoritmos de generación de claves, sino firmar cómoda, rápida y fácilmente los documentos.

Las firmas digitales se pueden clasificar en función de los siguientes criterios:

- **Su construcción.** La firma digital se puede construir usando para ello distintas opciones como son:

  - **La seguridad de dispositivos físicos.** Los dispositivos físicos son las tarjetas inteligentes usadas junto con un algoritmo de encriptación para construir una firma digital, siempre a partir del certificado que el usuario posee y se lee a través de la tarjeta insertada en el tarjetero inteligente (DNIe).
  - **Criptografía de clave simétrica.** En este tipo de criptografía se usa una sola clave que es la misma para cifrar y descifrar el mensaje entre emisor y receptor. Esto implica que ambas partes deben ponerse en contacto antes de comenzar a enviar datos para acordar la clave a usar.
  - **Criptografía de clave asimétrica.** En este tipo de criptografía se usan dos claves para el envío de mensajes. De tal forma que una clave es pública y se puede entregar a cualquier persona y la otra clave es privada y es responsabilidad del propietario guardarla.

- **Información aleatoria.** A diferencia del resto, en este tipo de esquemas se usan una serie de bits que son aleatorios y que, por lo tanto, dan u ofrecen menos información sobre la clave secreta a usar.
- **Necesidad del mensaje original para verificar la firma.** Cuando es necesario, el mensaje original para la verificación de la firma da lugar a dos posibles escenarios, que son:

  - **Esquemas de firma digital con recuperación del mensaje.** En este tipo de esquemas no es necesario el mensaje original, ya que se puede recuperar a partir de la propia firma digital.
  - **Esquemas de firma digital con apéndice.** En este tipo de esquema es necesario disponer del mensaje original para poder verificar la firma.

4.1. Cómo obtener un certificado digital para poder firmar digitalmente

Para poder tener un certificado digital y poder firmar digitalmente documentos, los **requisitos** necesarios son los siguientes:

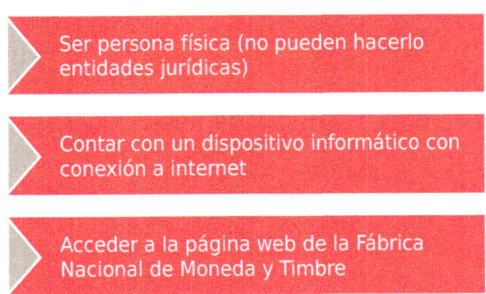

Ser persona física (no pueden hacerlo entidades jurídicas)

Contar con un dispositivo informático con conexión a internet

Acceder a la página web de la Fábrica Nacional de Moneda y Timbre

Para comenzar el proceso que hay que seguir para la **obtención del certificado digital,** debes seguir estos pasos:

1. **Accede a la página de la FNMT.** Accede a la Fábrica Nacional de Moneda y Timbre a través del siguiente enlace: <http://www.fnmt.es/>.

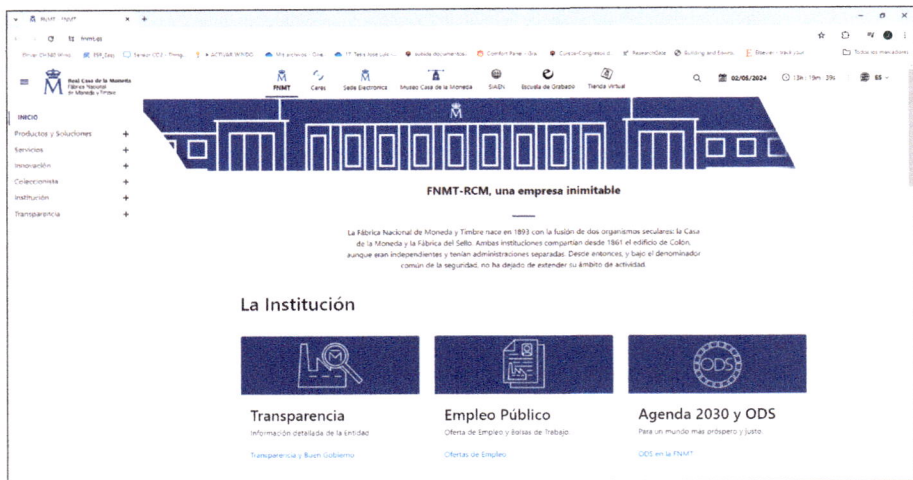

FNMT donde obtener un certificado digital de persona física

2. **Accede a la Certificación digital.** En la pantalla principal de la web de la FNMT, en el menú superior, pulsa en la pestaña **Servicios,** y, posteriormente, en el menú que aparece a la derecha, escoge la opción **Certificación digital.**

Puedes comenzar con el proceso pulsando en la opción **Obtenga el certificado digital.**

Pasos a realizar para obtener un certificado digital en la FNMT

Una vez que pulses para comenzar el proceso, aparecerá otra página web en la que puedes escoger entre tres **formas de obtener el certificado,** que son:

- **Archivo informático.** Se generará un archivo que podrás descargar a tu dispositivo informático y usarlo directamente en los navegadores. Se denomina Certificado *software*.

  Con esta opción, necesitarás acudir a una oficina de Registro para acreditar tu identidad antes de poder descargarte el archivo a tu dispositivo informático.

- **Archivo informático para *Android*.** Exactamente igual que el anterior, pero el archivo que se genera para ser descargado es totalmente compatible con el sistema operativo Android, para así poder usarlo en los *smartphones* y dispositivos móviles.

  Con esta opción, necesitarás igualmente acudir a una oficina de Registro para acreditar tu identidad antes de poder descargarte el archivo a tu dispositivo informático.

- **Certificado con DNIe.** Si dispones de DNIe, puedes usarlo para la autentificación e identificación, pudiendo obtener así el archivo a descargar.

  Dado que el DNIe te identifica digitalmente, no tendrás la necesidad de acudir a una oficina de Registro para acreditar tu identidad.

NOTA

La forma más rápida para obtener un certificado digital y poder usarlo en los navegadores es obtenerlo mediante un DNIe, dado que de la otra forma tienes que acreditar tu identidad en una oficina del Registro en horario administrativo de funcionarios del Estado.

En este caso se va a analizar la primera de las opciones, que es la que más comúnmente se suele usar cuando no se dispone de DNIe. A continuación, hay que seguir tres **pasos básicos para la obtención del certificado digital** de persona física:

Solicitud del certificado por internet
- Una vez comenzado el proceso desde la página web, tal y como has visto anteriormente, introduce tu NIF o NIE, primer apellido y un correo electrónico válido. Lee y acepta las condiciones y haz clic en **Enviar petición.**
- En este momento se generarán un par de claves, una correspondiente a la clave pública y otra a la clave privada. A partir de aquí se confirmará la petición y se te remitirá al correo electrónico que hayas registrado un código de solicitud que debes aportar en el siguiente paso de acreditación de identidad.

Acreditación de identidad
- Con el código de solicitud obtenido mediante el envío por parte de la aplicación a tu correo electrónico y tu DNI o NIE deberás ir a la oficina de acreditación más cercana a tu domicilio para identificarte personalmente.
- Puedes consultar las oficinas de acreditación disponibles en territorio español en el siguiente enlace: <https://www.cert.fnmt.es>.

Descarga del certificado
- Una vez que has acreditado y presentado el código de solicitud, puedes hacer uso de este último para descargarte, desde el mismo ordenador o dispositivo informático desde el cual iniciaste todo este proceso, el archivo que contiene el certificado.
- Para ello, se te pedirá el NIF o NIE, el primer apellido y el código de solicitud. Tras leer y aceptar las condiciones de uso, haz clic en **Descargar certificado** y ya podrás usarlo libremente bajo tu responsabilidad.

 **VÍDEO**

Observa el siguiente vídeo en el que se muestra cómo solicitar el certificado digital de persona física:

https://redirectoronline.com/ifcm026po0116

 IMPORTANTE

Para obtener un certificado digital puedes usar el sistema operativo que quieras y el navegador que tengas por costumbre usar.

 ACTIVIDAD COMPLEMENTARIA

3. Accede a la página de la FNMT: http://www.cert.fnmt.es/ y consulta el resto de certificaciones disponibles (certificados de empresa, de fecha, de hora, etc.), así como el proceso que hay que seguir y la documentación necesaria para obtener dichas certificaciones por parte de FNMT.

4.2. Firmar digitalmente un documento

A continuación, vas a ver cómo firmar un documento digitalmente usando para ello la herramienta de *Adobe PDF*.

Antes de firmar el documento debes comprobar una serie de **requisitos,** como son:

Requisito 1. *Software*

– Tener instalado en el equipo el *software* a utilizar, en este caso *Adobe Acrobat Reader DC*.

Requisito 2. Navegador

– Si estás en *Windows,* debes contar con un navegador web actualizado y que permita el uso de certificados digitales.
– Si trabajas en *MAC*, necesitarás contar con un llavero de instalación de certificados digitales para poder firmar el documento.

Requisito 3. Raíces y subordinados

– Contar con los certificados raíces y subordinados actualizados.

DEFINICIÓN

Llavero de instalación de certificados

Aplicación disponible única y exclusivamente en OS X de *Apple* que sirve para almacenar las contraseñas y la información de la cuenta para no tener que recordar y gestionar dichas contraseñas de forma mental, sino de forma digital.

Raíces

El certificado raíz es un certificado de clave pública sin firma que identifica a la autoridad de certificación.

Subordinado

El certificado subordinado es un tipo de certificado que necesita primero establecer un certificado raíz para permitir a autoridades de certificación terceras la emisión de certificados en su nombre (del raíz).

NOTA

No se puede vincular la firma digital de un documento únicamente con la herramienta *Adobe PDF*. Normalmente, las herramientas *software* suelen incorporar un apartado para firmar digitalmente documentos, como ocurre por ejemplo con *Microsoft Office* u *OpenOffice*.

- -

Uno de los requisitos previos a tener presente antes de realizar la firma digital de un documento es contar con los certificados de raíz y subordinados actualizados. En este caso interesa que estén actualizados sobre la herramienta *Adobe Acrobat Reader DC.*

Para poder actualizarlos debes iniciar *Adobe Reader* y, una vez cargado, buscar el menú **Edición** y pulsar sobre la etiqueta **Preferencias.** Aparecerá la siguiente ventana:

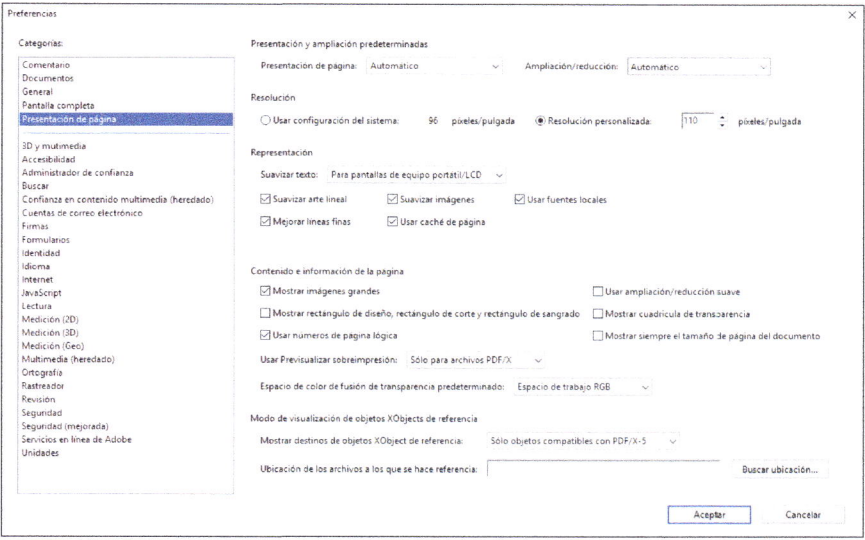

Ventana de Preferencias de Adobe Acrobat Reader DC

En la ventana que aparece, dirígete a la opción **Administrador de confianza.** Una vez dentro de esta opción localiza el apartado **Actualizaciones automáticas de certificados de confianza aprobados por la Unión Europea** y pulsa en su correspondiente botón de **Actualizar ahora.**

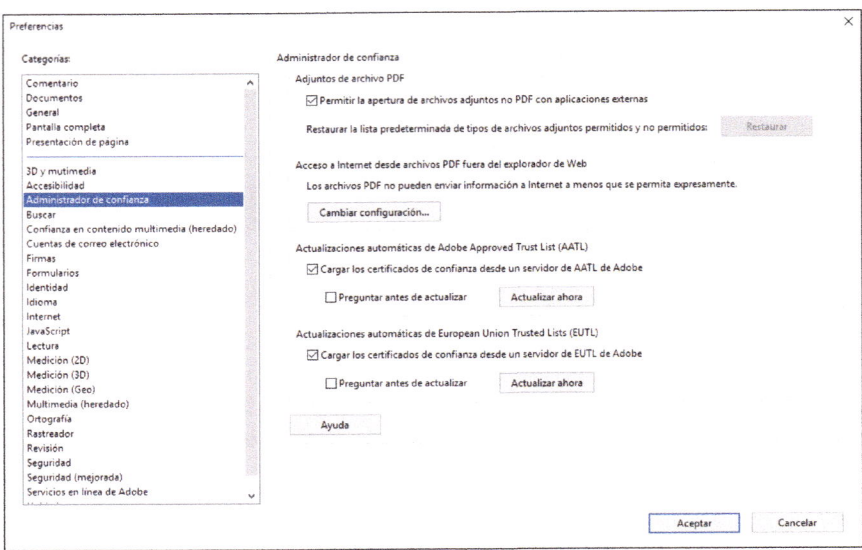

Actualización de certificaciones en Adobe Acrobat Reader

Cuando los certificados de raíz y subordinados estén actualizados recibirás un mensaje como el siguiente:

La configuración de seguridad se ha actualizado correctamente.

Una vez leído el mensaje, pulsa **Aceptar** y se guardará la configuración que has establecido y actualizado para poder firmar los documentos digitalmente.

Ya tienes preparado y actualizado *Adobe Acrobat Reader* para poder firmar digitalmente el documento. Ahora, el siguiente paso es firmarlo.

 **RECUERDA**

Para poder firmar es imprescindible antes tener instalados los certificados a usar o disponer de algún mecanismo *hardware* para leer tarjetas.

Para llevar a cabo el proceso, debes seguir estos pasos:

◗ **Añadir pestaña Certificado.** En el mismo documento a firmar accede al menú **Todas las herramientas** y a continuación a la opción **Utilizar un certificado.**
Si observas la pantalla, verás que se ha añadido un menú extra al documento.

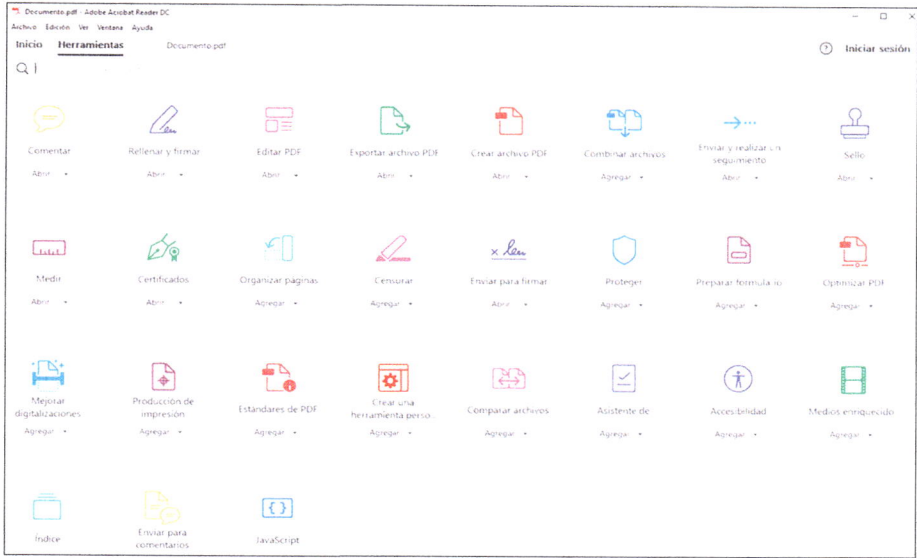

Acceso a los Certificados en Adobe Acrobat Reader DC

◗ **Iniciar el proceso.** Pulsar sobre **Usar un certificado** en el menú situado en la parte izquierda de la pantalla.

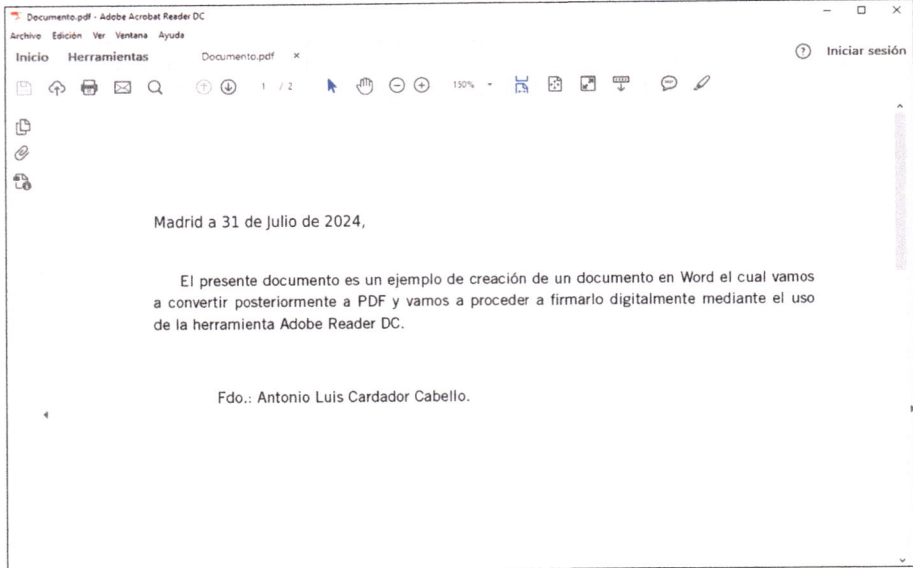

Documento preparado para firmar digitalmente, con el menú Certificados visible

Tras pulsar en **Firmar digitalmente,** aparecerá una ventana de advertencia que indicará que debes establecer el sitio donde quieres incluir la firma digital.

Deberás seleccionarlo con el ratón, siendo recomendable crear un cuadro para la firma suficientemente grande y ancho, aunque si no lo haces, el mismo Adobe te aconsejará crear un cuadro de mayores dimensiones. Además, se recomienda hacerlo en espacios en blanco y no sobre texto. En este caso se incluirá debajo de la línea "Fdo. Antonio Luis Cardador Cabello".

- **Elegir certificado.** A continuación, se mostrarán los certificados digitales que se pueden usar sobre el documento. En este caso se usará el DNIe junto con un lector de tarjetas para poder firmar dicho documento. Para poder firmar, escoge entre los certificados el que quieres usar y haz clic en el botón **Continuar.**

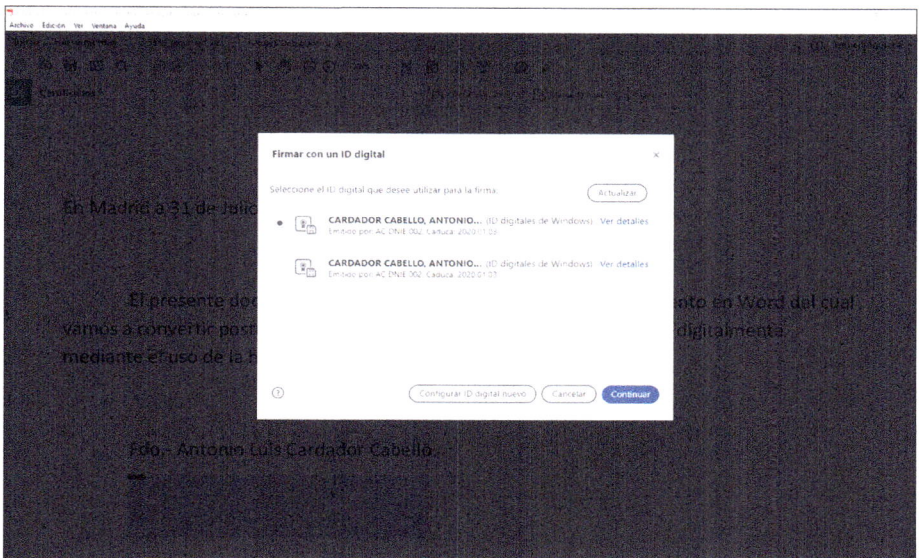

Elección de firma digital para firmar un documento

⮞ **Previsualización y opciones de firma.** Seguidamente, aparecerá una pantalla en la que se muestra cómo quedaría firmado digitalmente el documento.

Si observas la imagen siguiente antes de aplicar la firma, puedes ver los detalles asociados al certificado y además puedes bloquear (una vez firmado) el documento. Para aplicarla, haz clic en **Firmar.**

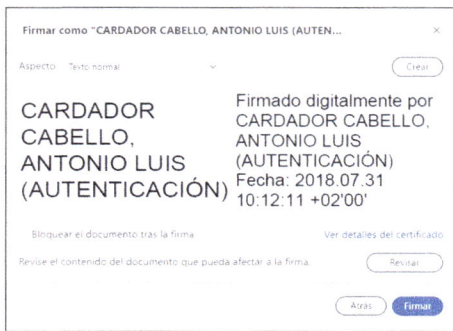

Aspecto que tendrá la firma digital en el documento

⮞ **Guardar el documento.** Una vez que se haya procedido a firmar el documento, se te pedirá que guardes el documento con otro nombre.

Esto se debe a que el documento ha cambiado y no es el original con el que has trabajado, es decir, se ha incluido la información referente a la firma, por eso se aconseja guardarlo con otro nombre.

En este caso, por ejemplo, se usará "documento_pdf_firmar_digital-mente_firmado".

⮑ **Identificarse para firmar.** Una vez confirmado el nombre, el siguiente paso será identificarte para proceder con la firma digital.

En este caso, al usar el DNIe lo que pide es que se introduzca el PIN de seguridad asociado al mismo para poder firmar digitalmente dicho documento. Tras introducirlo, pulsa **Aceptar.**

Te aparecerá una ventana de confirmación. Pulsa **Sí** para firmar digitalmente ese documento.

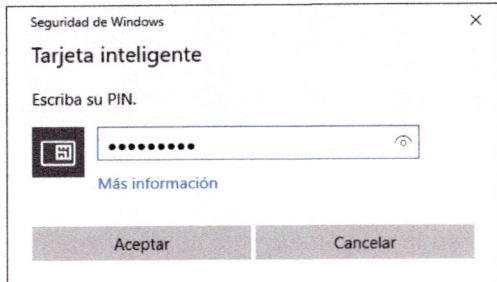

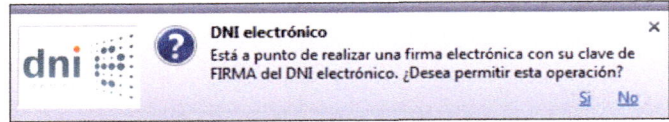

⮑ **Resultado.** Confirmada la acción, el aspecto del documento ya firmado digitalmente es el siguiente:

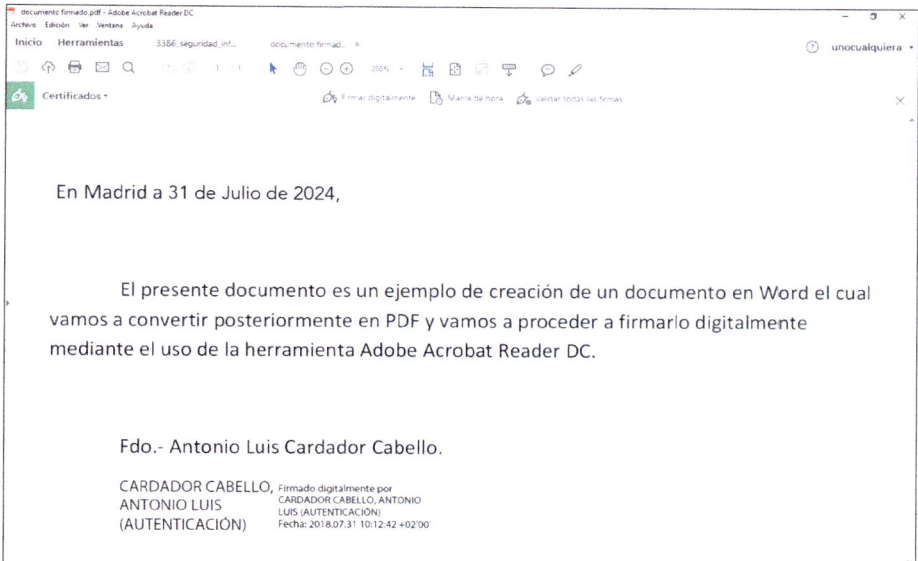

Documento con firma digital insertada por un usuario

Observa cómo, en el cuadro de texto dibujado con el ratón anteriormente, se ha encajado la firma digital en el documento.

Ese es el proceso a seguir para firmar el documento, pero ¿sabes crear ese documento en formato PDF para poder usarlo y firmarlo?

A continuación, vas a ver cómo hacerlo a partir de un documento de texto de *Microsoft Word*.

En primer lugar, abre un **nuevo documento en *Word*** y rellénalo con la información que desees.

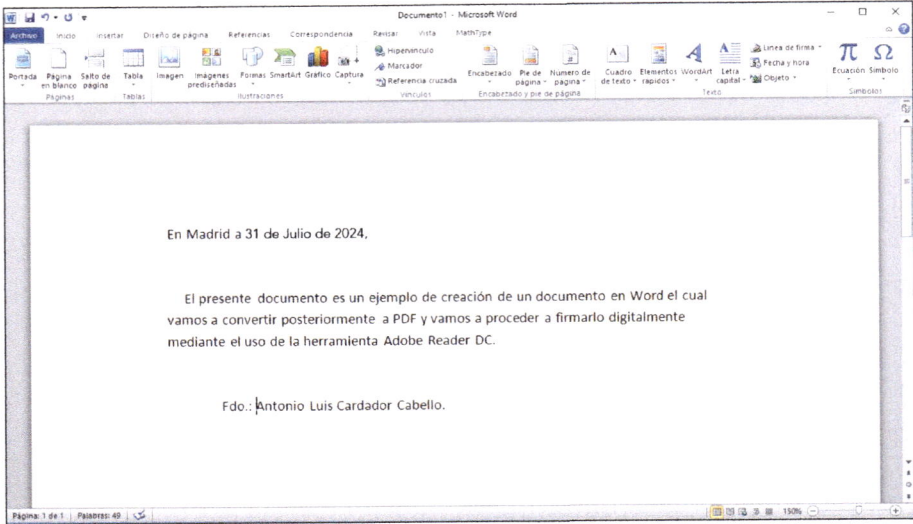

Creación del documento en Word que posteriormente convertiremos en PDF para proceder a firmarlo digitalmente.

Una vez creado el documento de la imagen anterior lo vamos a guardar con el nombre de "documento_para_firmar_digitalmente".

El siguiente paso es su **conversión a formato PDF,** para ello tienes diferentes opciones:

⊃ **Desde la propia herramienta de *Word*.** En este caso, con el documento que quieras convertir abierto pulsa en **Archivo > Guardar como.**
A continuación, asigna el nombre que desees al documento y abre el desplegable **Tipo.** Selecciona la opción **PDF (∗.pdf)** y haz clic en **Guardar.**

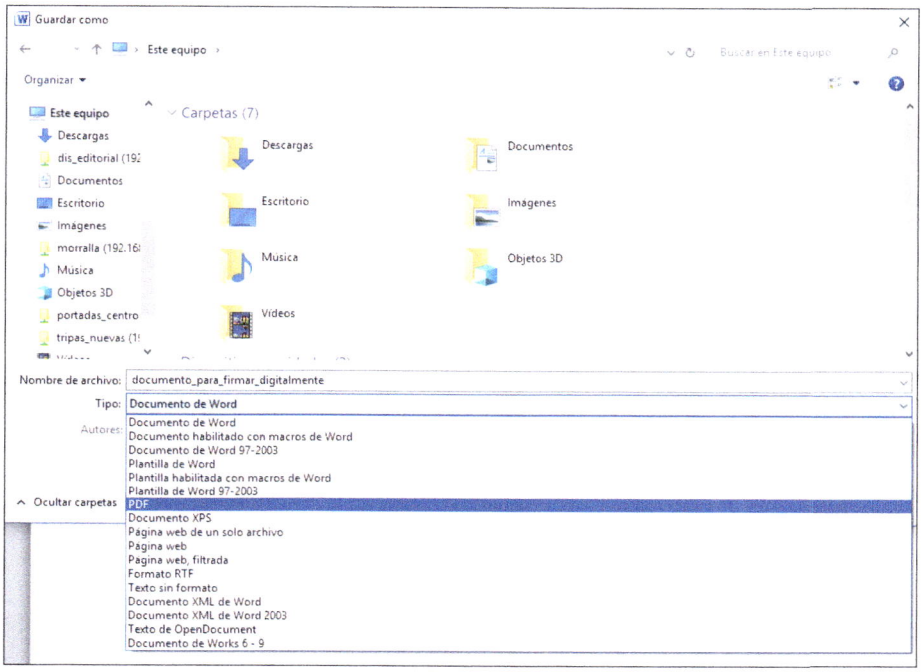

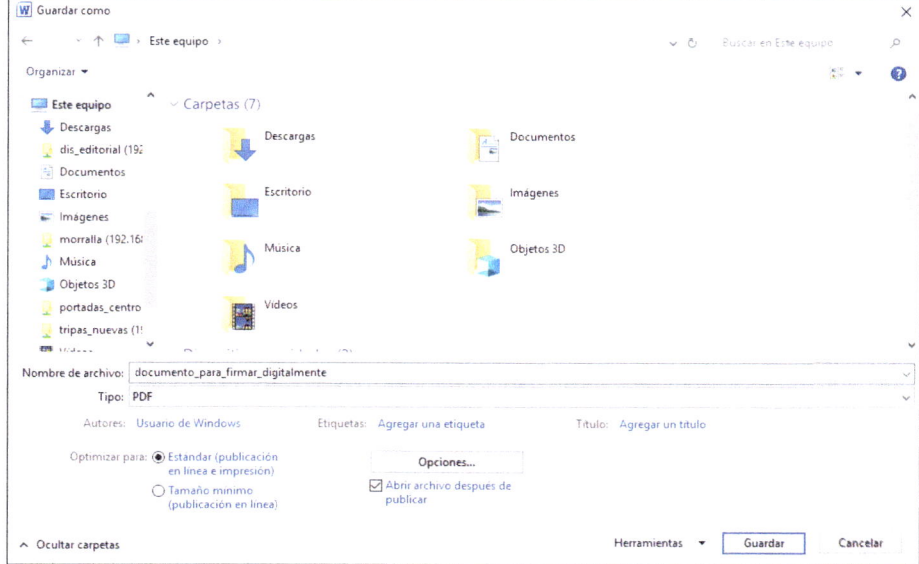

🡒 **Desde *software* específico.** Si tu versión de *Word* no te permite guardar directamente como PDF, necesitarás una herramienta *software* que te permita convertir el documento a formato PDF. En internet hay miles de herramientas, gratuitas y de pago, para realizar este proceso.

En este caso vas a ver la herramienta *PrimoPDF*. Es totalmente gratuita y puedes descargártela en el siguiente enlace:

🔗 http://www.primopdf.com/es/

A continuación, instálala siguiendo las instrucciones que ofrecerá la propia herramienta durante el proceso.

Una vez que tienes instalado *PrimoPDF* en el equipo, para comenzar a usarlo, sigue estos pasos:

https://redirectoronline.com/ifcm026po0107

 ## ACTIVIDAD COMPLEMENTARIA

4. Crea un documento de texto de compraventa de una propiedad inmobiliaria usando para ello *Microsoft Word*. Invéntate los datos que creas necesarios o bien descárgate una plantilla que encuentres en internet. Una vez creado o descargado el documento en Word, busca la forma de poder firmarlo digitalmente con dicho programa de *Microsoft*.

4.3. Comprobación de firma en un documento digital

Y si recibes un documento que está firmado ya por otra persona, ¿cómo puedes **comprobar que la firma es real y verídica?**

Puedes comprobarlo sobre el mismo documento que acabas de firmar. Para ello, es suficiente con cerrarlo y abrirlo nuevamente para obtener información referente a la firma. Aparecerá lo siguiente:

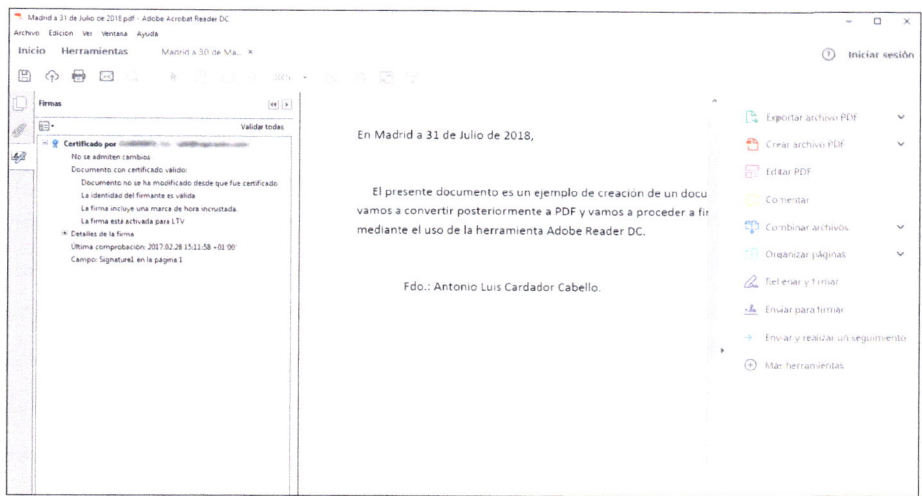

Comprobación de firma en documento firmado

Como puedes ver en la parte izquierda del documento, aparece un icono en forma de pluma. Si pulsas sobre él, podrás consultar la información sobre la firma digital que hay en dicho documento, dando la opción de validación de las firmas para comprobar que no son falsas.

 ## ACTIVIDAD COMPLEMENTARIA

5. Antonio es el propietario de un negocio *online* dedicado al asesoramiento de empresas y profesionales. Hace unos años, con el contexto de la crisis, decidió invertir en *software* libre dado que, tras hacer un estudio, vio que gastaba mucho dinero en *software* cuando el mismo lo podía obtener de forma totalmente gratuita.

   Ahora mismo, en vez de utilizar *Microsoft Office* está usando la versión *OpenOffice*, puesto que es gratuita y le ahorra costes. Pero se encuentra con el problema de que tiene que firmar digitalmente un documento de presupuestos para un cliente *online* y no sabe hacerlo en dicha plataforma *OpenOffice*. ¿Qué pasos debería dar Antonio en dicha plataforma *software* para firmar digitalmente un documento?

TAREA 1

Alejandro ha obtenido recientemente a través del FNMT un certificado de usuario para poder firmar digitalmente documentos y realizar trámites rápidamente mediante la Administración Electrónica. Dado que son muchos los conceptos asociados a los certificados, no le queda clara la diferencia entre la firma electrónica, la firma digital y el certificado digital.

En base a esto, diferencia estos conceptos y explica, de forma ejemplificada, a qué hace referencia cada uno de ellos.

 TAREA 2

Juan quiere obtener un certificado digital con el fin de poder realizar operaciones válidas en la Administración Electrónica, pero únicamente cuenta con un dispositivo informático con *Android* y no tiene DNIe.

¿Qué pasos deberá seguir para contar con certificado electrónico en su dispositivo *Android* y poder usarlo adecuadamente? Describe dichos pasos.

Asimismo, tendrás que poner en práctica el proceso descrito, realizándolo en tu propio dispositivo.

 TAREA 3

Rocío se ha comprado un *smartphone* nuevo y cuando lo ha estado manejando para configurarlo e insertarle sus datos de acceso a aplicaciones se ha dado cuenta de que trae instalado un navegador totalmente desconocido para ella: *Mozilla Firefox*.

Además, también ha descubierto que trae instalado *Internet Explorer,* pero en ambos navegadores no sabe dónde está el almacén de certificados ni cómo importar un certificado a ellos. ¿De qué forma podrá usar su certificado en dichos navegadores?

Continúa en página siguiente >>

<< Viene de página anterior

En base a esto, describe las acciones básicas que debería realizar Rocío para poder usar los certificados digitales desde estos navegadores: localización, importación y exportación de los mismos. De igual modo, pon en práctica estas acciones, realizando los procesos en tu propio dispositivo.

 TAREA 4

Has recibido tu jornada laboral del mes de junio en un archivo de *Excel*, en el cual se te informa de cuántas horas tienes que trabajar al día y los días libres que tienes en dicho mes.

En la política de la empresa para la que trabajas está establecido que tienes que remitir este documento firmado digitalmente para que la empresa tenga constancia de que has recibido y visualizado dicho documento.

El documento es el siguiente:

https://redirectoronline.com/ifcm026po0108

En base a esto, lleva a cabo el proceso, firmando digitalmente el documento y comprobando su validez tras el proceso de firma.

---

5. Resumen

Una firma o rúbrica tiene por objetivo poder **identificar a una determinada persona** en un cierto tipo de documento que está firmado por esta. Pero en entornos digitales es necesario tener claros diferentes conceptos:

La **firma electrónica** es un tipo de firma usada en medios *online* que se compone de un conjunto de datos electrónicos los cuales se asocian o anexan a un determinado documento de naturaleza digital y cuyas **funciones** son las siguientes:

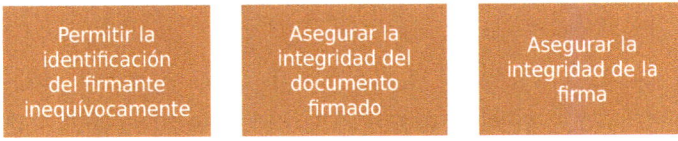

El proceso básico de firma electrónica es el siguiente:

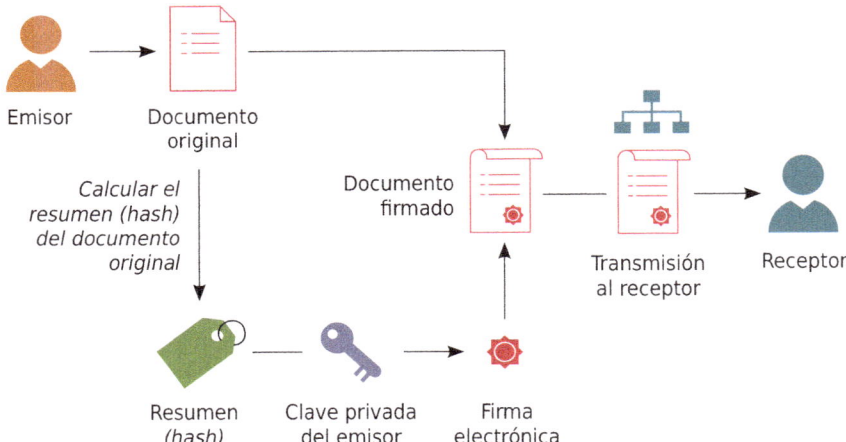

La firma electrónica debe llevarse a cabo mediante **medios digitales** y para ello se puede hacer de dos formas: **descargando una aplicación** en el equipo/dispositivo o **firmando directamente** en internet.

Una firma digital consiste en un **mecanismo de encriptación** mediante el cual el emisor de un determinado documento firmado digitalmente puede identificarse como firmante de tal documento (reglas de autentificación y no repudio de datos), además de poder confirmar que el documento no ha sufrido cambios desde que fue originalmente firmado.

Por otro lado, para dar mayor robustez y seguridad a la firma digital, esta debe tener una serie de propiedades para poder ser usada. Debe ser:

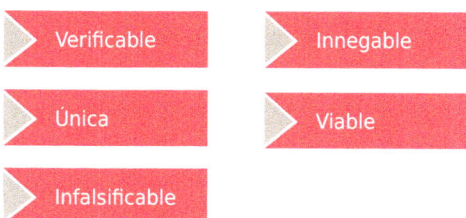

Verificable

Innegable

Única

Viable

Infalsificable

La firma digital se encuentra regulada por la Ley 6/2020, de 11 de noviembre, y entre otra información aportada, define explícitamente tres **tipos de firmas digitales,** que son: **reconocida, avanzada** y **simple.**

Pero para poder llevar a cabo estos procesos, como la **firma de un documento digitalmente,** por ejemplo, es necesario el **certificado electrónico,** que es el que contiene la firma digital. Este puede ser útil para realizar muchos trámites, y es necesario que lo almacenes y manejes adecuadamente. Debes saber localizarlo, exportarlo e importarlo a tu navegador. Para obtenerlo debes acceder a la página web de la Fábrica Nacional de Moneda y Timbre.

Ejercicios de autoevaluación
Unidad de Aprendizaje 1

1. El conjunto de datos digitales que son utilizados con el objetivo de identificar a un firmante es:

    a. Firma.
    b. Firma electrónica.
    c. Firma digital.
    d. Certificado digital.

2. El conjunto de caracteres que se añade al final de un documento o mensaje para informar, dar validez y seguridad al mismo es:

    a. Firma.
    b. Firma electrónica.
    c. Firma digital.
    d. Certificado digital.

3. El documento, fichero o archivo informático que se usa para identificarse en la red, está autentificado por terceros de confianza y contiene la firma digital es:

    a. Firma.
    b. Certificado digital.
    c. Firma digital.
    d. Firma electrónica.

4. Indica cuál de las siguientes no es una función de la firma electrónica:

    a. Permitir la identificación del firmante inequívocamente.
    b. Asegurar la integridad del certificado electrónico y sus documentos adjuntos.
    c. Asegurar la integridad del documento firmado.
    d. Asegurar la integridad de la firma.

5. Indica cuál de los siguientes no es un requisito en los que se basa la firma electrónica:

    a. Identificar al firmante.
    b. Verificar la integridad del documento firmado.
    c. Contar con la participación de terceros de confianza.
    d. Garantizar el repudio en origen.

6. ¿Qué ley ampara la firma digital actualmente?

    a. Ley 59/2003, de 19 de diciembre, de Firma Electrónica.
    b. Ley 6/2020, de 11 de noviembre, reguladora de determinados aspectos de los servicios electrónicos de confianza.
    c. Ley 34/2002, de 11 de julio, de Servicios de la Sociedad de la Información y de Comercio Electrónico.
    d. Ley Orgánica 3/2018, de 5 de diciembre, de Protección de Datos Personales y garantía de los derechos digitales.

7. La firma digital incluye:

    a. Solamente datos.
    b. Nombre y DNI.
    c. Mecanismos de encriptación.
    d. No incluye nada, es solo la rúbrica que se muestra visualmente.

8. Señala cuál de las siguientes es una propiedad de la firma digital:

    a. Verificable.
    b. Infalsificable.
    c. Innegable.
    d. Todas son las opciones son correctas.

9. Indica si la siguiente oración es verdadera o falsa: "El certificado digital se puede obtener con y sin conexión a internet".

    ■ Verdadero
    ■ Falso

10. ¿De qué forma puede obtenerse un certificado digital?

    a. Por medio de un archivo informático.
    b. Por medio de un archivo para *Android.*
    c. Mediante un DNIe.
    d. Todas las opciones son correctas.

Unidad de Aprendizaje 2

Tipos de certificados

Contenido

1. Introducción
2. Clasificación de los certificados
3. Certificados de servidor (SSL: capa de zócalos seguro)
4. *Microsoft Server Gated Cryptography Certificates* (certificados de CGC, una extensión del protocolo SSL, ofrecida por *Microsoft*)
5. Certificados canalizadores
6. Certificados de correo electrónico
7. Certificados de valoración de páginas web
8. Certificados de sello, fecha y hora
9. Resumen

Objetivos

El objetivo general de esta Unidad de Aprendizaje es:

→ Reconocer los diferentes tipos de certificados digitales que hay en el mercado actual, así como su utilidad y características.

Los objetivos específicos de esta Unidad de Aprendizaje son:

→ Identificar los diferentes tipos de certificados que actualmente están disponibles.

→ Describir el proceso de obtención de certificados SSL de servidor ante las autoridades de certificación correspondientes.

→ Enviar correos electrónicos certificados, disponiendo de certificado o sin disponer de él.

→ Reconocer la validez de los certificados de valoración de páginas web.

→ Enumerar los beneficios del uso del certificado de sellado de fecha y hora.

1. Introducción

Un certificado digital tiene por objetivo garantizar digitalmente la identidad de la persona que firma electrónicamente un documento en internet. Pero no solo se pueden certificar los documentos, hay muchos tipos de certificaciones en función de los objetivos que se persigan; por ejemplo en internet hay máquinas automáticas que llevarán asociado un certificaco distinto al de las personas.

En el desarrollo de esta unidad verás los diferentes tipos de cert ficados que hay actualmente disponibles en el mercado, analizando los costes que puede implicar la obtención de cada uno de ellos. Concretamente, se analizarán los siguientes certificados:

- ⮷ Certificados de servidor (SSL).
- ⮷ *Microsoft Server Gated Cryptography Certificates*.
- ⮷ Certificados canalizadores.
- ⮷ Certificados de correo electrónico.
- ⮷ Certificados de valoración de páginas web.
- ⮷ Certificados de sello, fecha y hora.

Para ello nos basaremos en el caso de Asegral, una empresa que tiene ya 40 años de vida. Era propiedad del padre de María, quien ahora se ha hecho cargo de la gerencia de la misma al jubilarse su padre, y ha emprendido el camino hacia la transformación digital en la empresa.

2. Clasificación de los certificados

 HILO CONDUCTOR

En Asegral están comenzando a realizar todos los trámites de forma *online*. María decidió pedir asesoramiento a una consultora especializada, la cual siempre realiza un estudio previo de las necesidades del cliente cuando alguno de estos solicita un certificado digital; el objetivo principal es que cada cliente tenga en su poder el certificado que más se adapte a sus necesidades y sin perder de vista el coste económico asociado a la obtención del mismo.

Ahora van a analizar el caso de la empresa de María, para determinar cuál o cuáles son los certificados de los que necesitará disponer.

Dependiendo de a qué vaya destinado el certificado y el uso que se le vaya a dar, las autoridades certificadoras han hecho una clasificación de los certificados en varios tipos.

En función del tipo de certificado cambiarán:

Las medidas de seguridad aplicadas a los datos	El precio del certificado

Cualquier persona o entidad que desee obtener un certificado digital debe abonar su correspondiente **coste económico,** el cual varía en función del certificado que se desee obtener y del uso que se le vaya a dar al mismo, así como de la cantidad de datos a verificar.

NOTA

Cuantos más datos se necesiten verificar, más caro resultará obtener el certificado.

La **clasificación de los certificados** se puede realizar en función de diferentes **criterios:**

➲ **Según las comprobaciones a realizar.** Uno de los criterios de clasificación es según las comprobaciones que se tengan que realizar con los datos o con la información y se clasifican a su vez en cuatro grupos:

   ⟐ **Certificados de Clase 1.** Este tipo de certificados de Clase 1 son los más básicos y, por tanto, los que conllevan menos verificación sobre los datos (llevan una verificación muy básica): únicamente el nombre del titular y el correo electrónico asociado al titular del certificado. Este tipo de certificados suelen emitirse a personas que tienen direcciones de correo electrónico que son válidas y son totalmente adecuadas para llevar a cabo procesos de firma digital, cifrado y control de acceso electrónico. No requieren prueba de identidad asociada.

   ⟐ **Certificados de Clase 2.** Este tipo de certificados cumplen los requisitos de los certificados de Clase 1, pero además, la autoridad certificadora comprobará el DNI o NIF, el permiso de circulación, el número de afiliación a la Seguridad Social y la fecha de nacimiento. Este tipo de certificados normalmente van destinados a personas y dispositivos y son totalmente válidos para procesos de firma digital, cifrado y control de acceso electrónico, además de poder usarlos en autentificación de dispositivos, integridad de mensajes, *software* y cifrado de confidencialidad.

- **Certificados de Clase 3.** Este tipo de certificados cumplen los requisitos de sus anteriores (Clase 1 y Clase 2), pero además se añaden verificaciones correspondientes al crédito del titular del certificado, usando para tal fin un servicio destinado a ello (algunos programas usados para este fin son *Equifax o Duns&bradstreet*).

  Este tipo de certificados son emitidos a personas, organizaciones, servidores, dispositivos y administradores y autoridades de certificados de raíz (RA). Son totalmente válidos para procesos de firma digital, cifrado y control de acceso electrónico, así como para autentificación de servidor, integridad de mensajes, *software* y cifrado de confidencialidad.

- **Certificados de Clase 4.** Cumplen con todos los requisitos anteriores (Clase 1, Clase 2 y Clase 3), pero además se le unen comprobaciones en base al cargo que ocupa el titular del certificado dentro de una determinada empresa u organización. Actualmente este tipo de certificación está en constante modificación.

- **Según su finalidad.** Según el uso al que vaya destinado el certificado estos, a su vez, se pueden clasificar en cinco grupos:

  - **Certificados SSL para cliente.** Destinados a ser usados para procesos de identificación y autentificación de personas ante servidores dedicados a procesos de comunicación. Todo lo anterior se lleva a cabo a través de un determinado protocolo de comunicaciones informáticas denominado SSL *(Secure Socket Layer)*. Normalmente son expedidos para una persona física, bien un particular o bien empleado de empresa.

  - **Certificados SSL para servidor.** Son usados para poder identificarse ante un cliente de comunicaciones que usa el protocolo SSL por parte de un servidor; cuando se expiden normalmente van asociados a una empresa u organización del servidor o del servicio que este ofrece (donde también entrará en juego el dominio de acceso a dicho servidor).

  - **Certificados S/MIME.** Este tipo de certificados normalmente va asociado a procesos de correo electrónico firmado y cifrado, expidiéndose a personas físicas. En este caso se procede a firmar electrónicamente un mensaje por parte del remitente (la propia firma integra la autentificación, integridad y no repudio). Además se usa la clave pública del destinatario del mensaje para cifrarlo, otorgando así confidencialidad al envío del mensaje de correo.

◊ **Certificados para la firma de código.** Son aquellos que se usan para poder tener identificado al creador o autor de un determinado fichero; aunque también se aplica a porciones de código de cualquier lenguaje de programación, de tal forma que si el navegador detecta un código que no lleva asociado un certificado que le dé aval, lanza un mensaje de alerta al usuario para que acepte o rechace dicho código.

◊ **Certificados para AC.** Son aquellos certificados que identifican a las propias autoridades certificadoras. Normalmente son utilizados por el *software* del cliente para conocer si un determinado certificado es de confianza.

➲ **Según quién los utiliza.** También se pueden clasificar los certificados digitales desde el punto de vista del usuario, persona o entidad que los utiliza, dando lugar a tres tipos de certificados distintos:

◊ **Certificado de persona física.** Mediante este tipo de certificados se autentifica a personas físicas, es decir, aquellas personas que pueden ser identificadas mediante un DNI o NIE. Este tipo de certificados es muy usado por los autónomos para realizar trámites con la Administración electrónica.

◊ **Certificado de persona jurídica.** Mediante este tipo de certificados se identifican a las entidades jurídicas, es decir, a aquellas empresas, organizaciones o Administraciones que usan un código de identificación fiscal (CIF).

◊ **Certificado de entidad sin personalidad jurídica.** Mediante este tipo de certificados se puede identificar a aquellas empresas que no sean entidad jurídica, a pesar de usar códigos de identificación fiscal (CIF). Este tipo de certificados es muy usado en el medio tributario.

➲ **Según la forma del certificado.** Se puede establecer otra clasificación de los certificados en función a la forma en la que se tengan dichos certificados:

◊ *Software.* Este tipo de certificación digital se corresponde con ficheros o archivos que son almacenados en un dispositivo informático para después ser usados en el mismo u otro distinto. Por ejemplo, si almacenas dicha firma en una memoria USB para poder transportarla por los dispositivos informáticos.

◊ *Hardware.* Este tipo de certificación digital se corresponde con aquellos certificados que están almacenados en un formato o medio físico (que es tangible para nosotros; el medio, no el certificado). Un claro ejemplo de este tipo de certificados es el DNIe, que actualmente está implantado en España.

También es posible que encuentres otros tipos de certificados digitales en función del **ámbito donde se utilicen,** que son los siguientes:

- **Certificado de servidor.** Gracias a este tipo de certificados se pueden realizar encriptaciones seguras de la información o datos. Se corresponden con los llamados "certificados SSL".
- **Certificado de representante.** Este tipo de certificado representa la administración de una determinada sociedad correspondiente a una empresa. Se pueden expedir o bien a administradores únicos o bien como certificado de persona jurídica o no jurídica.
- **Sello de empresa certificado.** Este tipo de certificado corresponde con su análogo sello de caucho con el que las empresas firmaban sus documentos, pero en este caso usado digitalmente.
- **Certificado de colegiados.** Este tipo de certificados son restringidos a un grupo de personas físicas, en concreto a aquellas personas físicas que sean profesionales colegiados y que estén así inscritos para obtener dicha certificación.
- **Certificado de pertenencia a empresa.** Este tipo de certificación es llevada a cabo por la Agencia de Tecnología y Certificación Electrónica correspondiente a la comunidad valenciana (ACCV), tomada a modo de ejemplo, y con ella se puede identificar a empleados o profesionales de la empresa.
- **Certificado de apoderado.** Este tipo de certificado es exactamente igual que el anterior, pero al representante se le añaden poderes notariales.
- **Certificado de factura electrónica.** Este tipo de certificado es muy usado en el mundo empresarial y se utiliza para las firmas de seguridad en las facturas electrónicas.

 **APLICACIÓN PRÁCTICA**

Juan es un autónomo y necesita un certificado. Cuenta con DNIe. ¿Sabrías indicar qué tipo de certificado debe solicitar Juan que se ajuste a sus necesidades como autónomo?

Solución

A Juan, para realizar los trámites *online*, le bastaría con obtener un certificado de Clase 1, que son lo más básicos para realizar la mayoría de trámites en internet. Recuerda que este tipo de certificados únicamente incluyen el nombre y apellidos del titular y una dirección de correo electrónico.

Continúa en página siguiente >>

<< Viene de página anterior

Si tienes dudas, recuerda que puedes consultarlas a través de las herramientas de comunicación disponibles en la plataforma de formación.

 TAREA 5

Marcos, autónomo dedicado al mundo de la fotografía, acaba de montar un servidor donde tiene pensado subir un desarrollo *online* sobre las fotografías. Además, en dicho desarrollo va a implementar mensajería o correo electrónico para estar en contacto continuo con sus clientes. ¿Qué tipo de certificaciones irás asociadas a su desarrollo y a la mensajería?

Identifica los diferentes tipos de certificados que actualmente están disponibles, explicando cuáles tendría que adquirir Marcos y por qué.

---

3. Certificados de servidor (SSL: capa de zócalos seguro)

👉 **HILO CONDUCTOR**

En Asegral están creando un desarrollo web y quieren que este sea seguro, por lo que tienen que implementar un certificado SSL. Con este ofrecen seguridad al visitante de la web, además de poder identificar al sitio como auténtico, real y en el que se pueden confiar los usuarios para ofrecer sus datos personales y/o bancarios.

SSL son las siglas correspondientes a *Secure Socket Layer*. Es un protocolo llevado a cabo por la compañía *NetScape Communications Corporation* para ofrecer **mecanismos de aislamiento y seguridad** sobre internet. Dicho protocolo, además, ofrece:

| Autentificación del servidor | Autentificación del cliente |

DEFINICIÓN

Protocolo

En informática, conjunto de reglas usadas por los ordenadores para que estos puedan comunicarse unos con otros utilizando para ello una red de datos; visto desde otro punto de vista, el protocolo es un estándar para controlar o realizar conexiones, comunicaciones y traspaso de información entre dos puntos (emisor y receptor de los datos).

SABÍAS QUE...

NetScape fue un navegador web desarrollado por *NetScape Communications* que vio la luz en 1994. Fue el primer navegador en manejar los scripts (normalmente en *JavaScript)*. Actualmente se encuentra en desuso.

Los certificados SSL son normalmente **implementados en servidores de internet,** los cuales a su vez alojan desarrollos *online* normalmente de tipo comercial. Gracias a que disponen de estos certificados brindan seguridad a los visitantes de los desarrollos *online* implementados en dicho servidor.

Gracias al protocolo de seguridad SSL se consigue que la información o los datos que hay por internet y que tienen que circular de un punto a otro lo hagan de manera segura e íntegra.

Uso de Certificados SSL en internet con HTTPS. Si es válido, se muestra con un candado en verde; si hay algún indicio de duda, se muestra con el símbolo en rojo.

 **EJEMPLO**

Esto ocurre a diario cuando un usuario de internet se registra en un servidor de un determinado comercio electrónico: los datos del usuario tienen que viajar desde su navegador al servidor donde está alojado el comercio.

Si ya tienes clara la utilidad de los certificados SSL y crees que puedes necesitar uno, posiblemente te surjan algunas **dudas** al respecto:

- **Cómo solicitar un certificado SSL.** Este tipo de certificados los puedes obtener a través de la aplicación web para la solicitud y gestión de los certificados no personales. Por ejemplo, NPSC en el caso de la comunidad valenciana. En ese caso, su enlace es el siguiente: <https://www.accv.es/tu-certificado/no-personales/ssl/>.
  Como requisito se impone que tienes que disponer de un certificado digital de ciudadano o empleado público emitido por la ACCV o bien disponer de un DNIe.
  Una vez realizada la solicitud de dicho certificado correctamente en un plazo de tres días hábiles se emitirá y se te informará mediante correo electrónico, el cual contendrá una URL desde la cual puedes firmar el contrato de certificación y obtener el certificado correspondiente.
- **¿Se pueden renovar?** Este tipo de certificados dispone de una validez legal de tres años desde que son emitidos. Una vez que ha pasado este

tiempo de validez legal, el certificado caduca y se deben iniciar los trámites para obtener un certificado nuevo, es decir, solicitarlo como si fuera por primera vez. Normalmente, si estás interesado en renovar el certificado, antes de que caduque puedes solicitarlo sin necesidad de revocarlo.

⮑ **Coste asociado al certificado.** El precio concreto podrás verlo en el presupuesto que se te enviará durante el proceso de solicitud. Si no puedes esperar o necesitas conocerlo antes, escribe a gestioncerts@accv.es con los datos de tu entidad y el certificado que quieres para que te informen.

⮑ **¿Se pueden revocar?** En caso de que por determinados motivos cualesquiera te interese que dicho certificado deje de ser válido antes de la fecha de caducidad, es cuando puedes pedir su revocación a través del organismo correspondiente.

Siguiendo con el ejemplo, en el caso de la comunidad valenciana, la NPSC. En el caso de ser de otra comunidad, habrá que revocarlo a través de la dirección indicada junto con la información que adjuntan a la hora de obtener el certificado.

Un certificado SSL se usa para realizar **traspaso de información entre dos elementos de la red** internet de forma segura.

 **EJEMPLO**

Un ejemplo de este protocolo puede localizarse en el HTTPS, mediante el cual puedes conectarte a un servidor de forma segura.

Un certificado SSL consta de dos **partes:**

Parte pública
- Esta parte es la encargada de realizar los procesos de cifrado de la información.

Parte privada
- Esta parte es la encargada de realizar los procesos de descifrado de la información.

 **IMPORTANTE**

Por tanto, un certificado SSL asegura que la comunicación no puede ser ni modificada ni interceptada por terceros.

Además, el certificado SSL consta de tres **componentes principales,** que son:

El certificado SSL
- Es la parte pública. Cuando alguien se conecta al servidor usando HTTPS y con certificado SSL, lo primero que recibe es un fichero, el cual contiene datos como el nombre del dominio y acredita que se está comunicando con quien dice ser.

La clave privada
- Es fundamental mantener los mecanismos de almacenamiento correspondientes para almacenar esta clave privada de la mejor forma posible y, sobre todo, segura. Funciona a efecto de sello, por tanto, su objetivo es sellar la comunicación y acreditar que las partes son quienes dicen ser.

Certificados intermedios
- Estas partes son las autorizadas para expedir los certificados y se hará cuando tengan la constancia de la verificación de que la persona o entidad que los solicita es la propietaria del dominio a certificar. Los certificados intermedios son los que firmarán el certificado del servidor.

Una comunicación o conexión mediante SSL es siempre **iniciada por el cliente.** A continuación, puedes ver los pasos que se producen en una conexión SSL cuando este la inicia:

- ➲ **Paso 1. Inicio petición.** El cliente o usuario comienza el proceso de comunicación y envía una petición al servidor de sesión segura, usando para ello HTTPS.
- ➲ **Paso 2. Recepción petición.** El servidor recibe la petición de comunicación y procede a enviar al cliente o usuario un certificado X.509, el cual tiene integrada la clave pública del servidor.

● **Paso 3. Recepción certificado por el cliente.** El cliente recibe el certificado X.509, el cual certifica mediante el uso de una autoridad certificadora (CA).

● **Paso 4. Cifrado.** Una vez certificado por parte del cliente, se genera una clave simétrica aleatoria y se cifra usando para ello la clave pública recibida en el certificado X.509 por parte del servidor en el paso 2. Cuando es cifrado, se envía al servidor.

● **Paso 5. Comunicación.** En este punto, tanto el cliente o usuario como el servidor disponen de la misma clave simétrica y la posibilidad de cifrar los datos; todo esto se mantiene mientras dure la sesión entre el cliente o usuario y el servidor. Es decir, en el momento en que se rompa o se desconecte dicha conexión o comunicación habría que empezar desde el paso 1.

En caso de no haber actividad durante un tiempo determinado, se produciría esa interrupción por motivos de seguridad.

ACTIVIDAD COMPLEMENTARIA

6. Miguel está navegando por internet y al acceder a una determinada página de compra de material fotográfico le ha saltado una ventana diciéndole que tiene que aceptar el certificado SSL. ¿Por qué es necesario que Miguel acepte este certificado?

TAREA 6

María y Juan son propietarios de un desarrollo *online* y lo tienen alojado en un servidor de una determinada empresa. Últimamente sus clientes del desarrollo *online* han enviado muchos mensajes de correo electrónico indicando que cuando acceden a la web, la barra del explorador se vuelve roja y dice que el sitio no es seguro. ¿Qué es lo que puede estar sucediendo respecto del certificado del servidor donde tienen alojado María y Juan su desarrollo?

Analiza la situación presentada para identificar el fallo que se está produciendo en este caso. Asimismo, describe cómo debe realizarse el proceso de obtención de certificados SSL de servidor ante las autoridades de certificación correspondientes.

4. *Microsoft Server Gated Cryptography Certificates* (certificados de CGC, una extensión del protocolo SSL, ofrecida por *Microsoft*)

Este tipo de certificados es más comúnmente conocido por el nombre de **SGC** y su origen tuvo lugar en EE. UU. como consecuencia de una mejora en los sistemas de criptografía usados en la **década de 1990,** de ahí que fuera *Microsoft* el que apostara por ellas (casi el único gigante de la informática que podía hacerlo).

De la necesidad de realizar operaciones financieras en la década de los noventa surgió la necesidad de usar este certificado para garantizar las transacciones. Actualmente, este tipo de certificado **no está recomendado ni expedirlo ni usarlo** por parte de las autoridades certificadoras (AC o CA).

 **IMPORTANTE**

Este tipo de certificado es de los años 1990-2000. Actualmente está en desuso y no se aconseja para nada su utilización.

A continuación, se analizan los aspectos básicos de este certificado CFG.

En qué consiste SGC

SGC nace de la consecuencia de aumentar el nivel de encriptación en EE. UU. en torno a 1990, con lo cual hoy en día está prácticamente en desuso. En aquel tiempo los navegadores web tenían capacidad de cifrado SSL de 40 bits que estaba ya desfasado, y con SGC se consiguió tener 128 bits, dando más seguridad y robustez a dicho certificado.

Motivos para no usar SGC

Dado que es un tipo de certificado ya con bastante tiempo a las espaldas, no se recomienda su uso por los siguientes motivos:

- ⮌ Puede apoyar el uso de *software* inseguro.
- ⮌ No es compatible con los actuales SSL/TLS.
- ⮌ No admite clasificación de SSL.
- ⮌ Actualmente no es usado por ningún navegador web moderno.

Observaciones de *GlobalSign*

GlobalSign es uno de los proveedores originales de confianza en internet, el cual contribuye con aportaciones en materia de SSL a través del uso de herramientas y con el objetivo de mejorar la seguridad en internet.

Este revela que SGC no brinda ni establece valor alguno en el moderno sistema de encriptación y de internet existente a día de hoy, desaconsejando por completo su uso actualmente.

5. Certificados canalizadores

Normalmente, al enviar información por internet no se piensa en la cantidad de nodos (servidores) por los que tiene que viajar la información hasta que llega a su destino final. Estos nodos o servidores intermedios llevan instalados unos certificados *proxy* canalizadores, que son los encargados de hacer que **la información que envía llegue a su destino** y no se quede bloqueada en mitad de algún nodo.

El certificado canalizador *proxy* que se instala en los servidores ayudará a que estos funcionen como **intermediarios de las conexiones de red entre un cliente y un servidor de destino;** además, potencializa la credibilidad de las transacciones en línea porque certifica que todo está correcto.

Entre las **propiedades** que aportan los SSL *proxy* o certificados canalizadores destacan las siguientes:

Reducción de tráfico
- Las peticiones para poder ir pasando el mensaje o información se realizan entre servidores *proxy* y no directamente sobre internet, todo esto permite acelerar el tráfico de la red y desahogar al servidor de destino, el cual recibe miles de miles de peticiones menos y, por lo tanto, realizará su trabajo más rápido.

Velocidad de respuesta
- Dado que los servidores *proxy* disponen de una memoria caché donde van guardando qué información llega y a dónde se dirige, se evitan las transferencias idénticas de información entre servidores, lo que da lugar a mayor tiempo o velocidad de respuesta de los mismos que, al fin y al cabo, afecta directamente a los usuarios de internet.

Dan servicio a los usuarios
- Estos servidores *proxy* pueden dar servicio a una gran cantidad de usuarios que necesiten o demanden sus servicios.

Filtro
- Usando este tipo de certificación se pueden establecer restricciones, las cuales normalmente son realizadas por el administrador del servidor *proxy* donde se encuentra instalado el certificado canalizador.

Usar certificados de canalización en los servidores aportará las siguientes **ventajas:**

Respaldación de *Symantec*
- *Symantec* es una de las grandes autoridades de certificación y además también brinda tecnología SSL.

Estándares de autentificación
- Estos estándares son facilitados por *Symantec* y gracias a estos se alcanza seguridad y fiabilidad.

Continúa en página siguiente >>

<< Viene de página anterior

Validación extendida
- Gracias a la validación extendida puede mostrarse la barra de direcciones de color verde para indicar que la página web que se está visitando es válida; en caso contrario, se mostraría de color rojo de peligro.

Encriptación alta
- Son los niveles más altos, aplicando desde 40 bits a 256 bits si fueran necesarios, dependiendo de la capacidad de los servidores y los navegadores.

Tratamiento de *malware*
- Ofrece la posibilidad de realizar escaneos diarios para localizar y aislar el *malware*, con el alto beneficio que supone para la red y para los usuarios.

Emisiones rápidas
- Las operaciones se realizan de forma rápida, sobre todo al tener una memoria caché en la que van dejando un histórico de la información que llega y hacia dónde se dirige.

Renovación, revocación y sustitución
- Al igual que el resto de certificados, existe la posibilidad de renovarlo por más tiempo, de revocarlo en caso de no necesitarlo más o de sustituirlo si se necesita otro de mayor envergadura.

6. Certificados de correo electrónico

 **HILO CONDUCTOR**

El padre de María enviaba la documentación importante de la empresa por correo postal y para ello usaba un sello de caucho como medida de seguridad. Hoy en

Continúa en página siguiente >>

<< Viene de página anterior

día, con la aparición del comercio electrónico, María está destinando recursos a la formación de sus empleados para que tengan conocimientos de cómo firmar digitalmente un correo o enviar correos cifrados, lo cual supone un desahogo económico en la empresa a la hora de enviar documentación a sus clientes.

Disponer de un certificado digital permite muchas posibilidades de firma digital asociada al correo electrónico.

Cuando realizas la firma mediante el uso de correo electrónico, estás asegurando al destinatario la identidad mediante el uso de dicha firma digital y, además, garantizas que el mensaje no es alterado o modificado durante la transmisión del mismo.

El *software* relativo a programas de correo electrónico permite el uso y utilización de certificados digitales para poder firmar y cifrar los mensajes.

Pero debes prestar especial atención a las aplicaciones de gestión de correo electrónico/web más populares, dado que desde sus interfaces webs no pueden hacer uso del certificado.

Muchos usuarios hacen uso de las aplicaciones de gestión de correo electrónico, como Outlook, en vez de acceder directamente a su servidor de correo electrónico.

◎ EJEMPLO

El popular correo *Hotmail* desde su web no ofrece la posibilidad de trabajar con certificados, pero sí puedes apoyarte en *Outlook*, configurar un acceso a *Hotmail* y trabajar con *Outlook* los certificados de correo electrónico.

- -

De esta forma, los protocolos usados en correo electrónico más habituales, que son IMAP, SMTP o POP darían lugar a sus respectivos **protocolos seguros:**

SMTPS	IMAPS	POP3S
- Conocido como *Simple Mail Transfer Protocol*, es un protocolo estándar a nivel mundial para poder enviar correos electrónicos usando internet y un cliente local de correo electrónico.	- Conocido como *Internet Message Access Protocol*, es un protocolo mediante el cual se puede acceder al correo electrónico desde los servidores (remotos) usando para ello un cliente local de correo. Junto como POP3S es uno de los más habitualmente usados para recibir correos electrónicos y son estándares universales a usar en cualquier cliente de correo.	- Conocido como *Post Office Protocol Version 3*, es un protocolo usado en el correo para poder recibir los mensajes que manda un servidor a una aplicación cliente local de correo electrónico. Este protocolo permite, estando conectados al servidor, descargar los mensajes y tener la posibilidad de leerlos aunque no se disponga de conexión a internet. Esto es así debido a que los mensajes se quedan almacenados en el dispositivo con el cual se realiza la conexión al servidor.

Pero recuerda que será el cliente de correo electrónico usado el que permita este tipo de conexiones con los protocolos presentados.

 **DEFINICIÓN**

Cliente de correo electrónico
Programa que puede ser instalado en dispositivos informáticos y que normalmente se usa para leer o enviar mensajes de correo electrónico a otros usuarios.

Normalmente los **puertos de conexión** usados junto a estos protocolos, por defecto, son los siguientes:

- **SMTPS.** Este protocolo funciona con tres puertos por defecto:

  - 25: protocolo SMTP para conexiones no cifradas (inseguras, por lo tanto).
  - 2525: puerto por defecto abierto en todos los servidores, por si el puerto 25 se encuentra cerrado. Permite enviar correos sin encriptación (por consiguiente, inseguros).
  - 465: protocolo SMTPS en el que se envían mensajes de modo seguro, es decir, cifrados correspondientemente.

- **IMAPS.** Este protocolo tiene asociados por defecto dos puertos:

  - 143: es usado con el protocolo IMAP para conexiones no encriptadas (inseguras).
  - 993: es utilizado con el protocolo IMAPS para conexiones seguras en la que la información viaja encriptada.

- **POP3S.** Este protocolo usa por defecto dos puertos:

  - 110: usado para el protocolo POP3 que no incluye cifrado (conexiones inseguras).
  - 995: puerto empleado por el protocolo POP3S que incluye modo seguro y cifrado de datos.

Pero un administrador de un servidor puede **cambiar los puertos por defecto** y establecer los que sean necesarios. De la misma forma que los certificados SSL aportan seguridad al servidor al implementar un certificado de correo electrónico, se consigue que dicho correo viaje de forma segura desde tu equipo al servidor y, además, que lo haga de forma segura. Es decir, no puede ser interceptado ni modificado el contenido.

6.1. Uso de un tercero de confianza para enviar correos certificados sin disponer de certificado

Imagina que estás de viaje y recibes en tu *smartphone* un documento en el correo electrónico que quieres firmar o tienes que enviar un correo electrónico firmado digitalmente, pero como usas el certificado digital en el portátil, no lo tienes incorporado en tu teléfono móvil.

En este caso, ¿qué puedes hacer?

La solución es usar un **certificado de terceros** que funciona exactamente igual que si lo certificaras tú mismo, pero en este caso lo hace un tercero.

Una de las empresas que proporciona este servicio es **eGarante,** puedes acceder a ella a través de su página web: <https://www.egarante.com/>.

Empresa que, a través de certificación de terceros, certifica comunicaciones online.

Gracias a eGarante se pueden certificar:

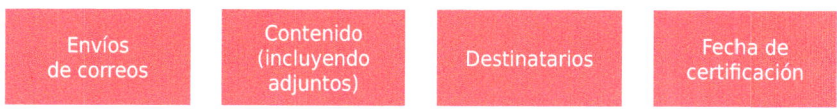

| Envíos de correos | Contenido (incluyendo adjuntos) | Destinatarios | Fecha de certificación |

Además, se proporciona al servidor de correo del destinatario una **copia idéntica al mensaje original** que ha sido certificado.

Para usar eGarante debes seguir estos **pasos:**

Redactar el correo electrónico

- Redacta el correo electrónico de forma totalmente natural, escribiendo los datos necesarios y adjuntando los documentos que tengas necesidad de usar.

Incluir destinatario

- Una vez redactado, incluye un destinatario (a quien quieres que llegue el correo electrónico) y en copia pon a *eGarante.*

Certificación

- *eGarante* recibirá el correo que has enviado y procederá a certificarlo: el mensaje, su contenido, fecha, emisor y destinatarios.

Envío de certificación al destinatario

- *eGarante*, una vez certificado, procede a enviar una copia de la certificación junto con el correo original a los destinatarios del mensaje original. Además, guardará un acuse de recibo en su servidor.

Información de entrega para el destinatario

- *eGarante* completa la certificación del correo electrónico con la información de entrega y procede a enviar dicha certificación al emisor.

NOTA

El correo de eGarante que debes poner en la copia de tu correo electrónico a certificar es: mailsigned@egarante.com. Además, dado que es un servicio que se brinda de forma gratuita, tienes la limitación de que solamente puedes incluir como máximo a 2 destinatarios.

6.2. Uso de la herramienta *Outlook* de *Microsoft* para el envío de correos electrónicos usando para ello un certificado digital

Lo primero que debes hacer, antes de poder usar los certificados en *Outlook,* es **obtener un identificador digital** que te permita enviar mensajes firmados digitalmente con dicha herramienta.

Para obtenerlo tendrás que seguir este proceso:

⮑ **Obtención del id digital.** En primer lugar, escoge un proveedor de la lista de proveedores de certificación independientes para obtener tu id digital. Para ello, abre *Microsoft Outlook* y accede a **Archivo > Opciones > Centro de confianza.**
Una vez dentro del Centro de Confianza, accede dentro de Configuración del centro de confianza a la pestaña Seguridad de correo electrónico que se localiza en Id. digitales (certificados) y haz clic en Obtener un id digital.
Se abrirá un navegador de internet para escoger el proveedor que quieres utilizar.

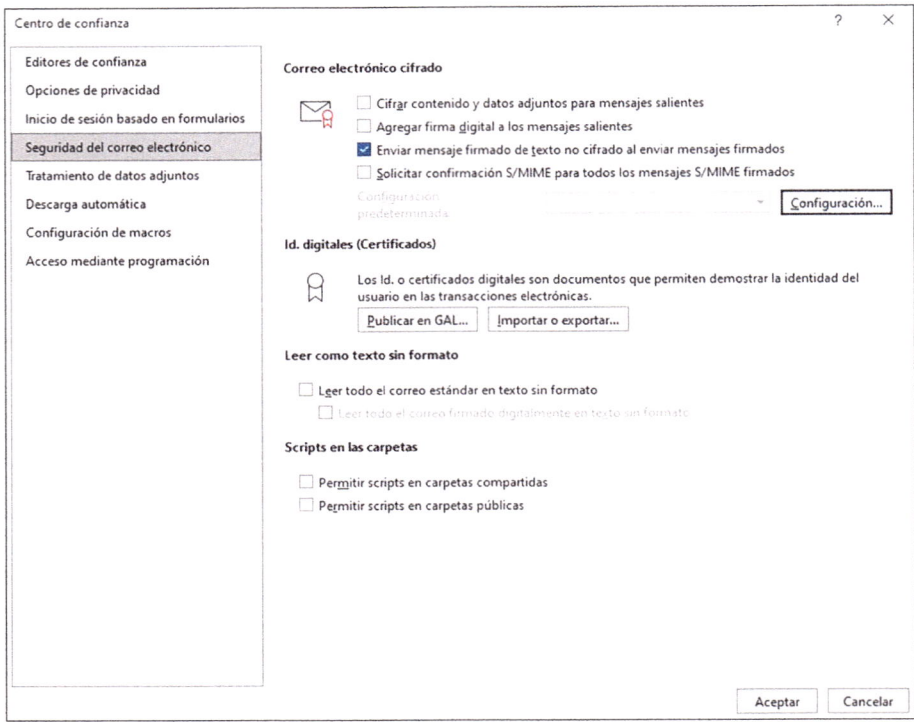

Configuración del Centro de confianza en Microsoft Outlook

➲ **Especificar el id a usar.** Puede darse la circunstancia de que tengas varios id digitales, en cuyo caso tendrás que optar por la elección de uno para usarlo. Para ello, accede desde **Archivo > Opciones > Centro de confianza** a la **Configuración del centro de confianza.** En **Correo electrónico cifrado** pulsa la pestaña **Seguridad de correo electrónico** y a continuación, haz clic en el botón **Configuración.**

Una vez ahí, localiza **Preferencias de configuración de seguridad** y haz clic en el botón **Nuevo** para definir una nueva.

En **Nombre de configuración de seguridad** escribe el nombre asociado al id digital que vas a usar. En **Formato de cifrado** escoge "S/MIME" o "Seguridad de Exchange", dependiendo del certificado que tengas. En **Certificado de firma** escoge el certificado asociado para tal fin y, a continuación, activa la opción **Enviar estos certificados con mensajes firmados.**

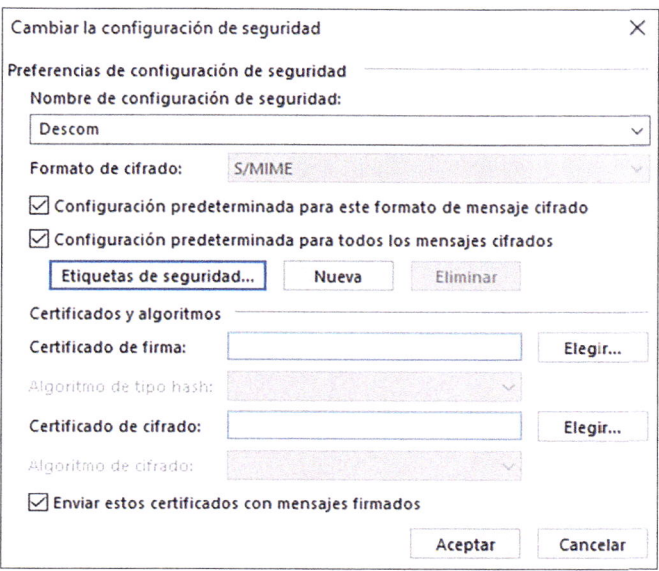

⮕ **Agregar el id a un destinatario de correo.** Una vez obtenido este id digital, necesitas compartirlo con el destinatario o destinatarios con los que quieres intercambiar correos electrónicos seguros.

Para ello, tienes que seleccionar el contacto y hacerle llegar el id digital y que proceda a su configuración como tú has hecho anteriormente.

Simplemente se lo puedes enviar en un correo electrónico y el destinatario tendrá que seguir los pasos anteriores para dejarlo instalado en su cliente de correo electrónico, en este caso *Outlook*.

IMPORTANTE

Un identificador digital (id) es expedido por las entidades de certificación independientes (no de terceros).

Una vez que ya tienes en tu poder el id digital obtenido anteriormente, es cuando puedes llevar a cabo las siguientes **acciones:**

Firmar digitalmente un solo mensaje
- En este caso, una vez que estés redactando o hayas terminado de redactar el mensaje que quieres enviar, accede al grupo **Permisos** de la ficha o cinta **Opciones** y pulsa **Firmar mensaje.** Una vez firmado y rellenado o escrito el correo, bastará simplemente con enviarlo.

Firmar digitalmente todos los mensajes
- Si lo que quieres es usar siempre correos electrónicos seguros, sea cual sea el destinatario, debes acceder a la pestaña **Archivo** y a continuación a **Opciones > Centro de confianza.** Dentro de Centro de confianza pulsa la opción **Configuración del centro de confianza,** y dentro de ella, **Correo cifrado.** En la pestaña **Seguridad del correo electrónico** activa la casilla **Agregar firma digital a todos los mensajes salientes.** Así, cada vez que envíes un correo estará firmado digitalmente.

NOTA

No olvides que, para poder trabajar con tu servidor de correo desde *Outlook,* antes deberás configurarlo adecuadamente. Accede al siguiente enlace para ver cómo hacerlo:

https://redirectoronline.com/ifcm026po0201

 **VÍDEO**

A continuación, puedes ver cómo llevar a cabo el proceso de firma, en este caso desde *Thunderbird:*

https://redirectoronline.com/ifcm026po0202

 ACTIVIDAD COMPLEMENTARIA

7. Infórmate sobre los pasos que hay que dar para poder enviar un correo electrónico con firma digital en *Outlook.* ¿Son los mismos pasos que habría que dar para los servidores de correo *Thunderbird* y *Opera Mail?*

 TAREA 7

Juan ha recibido un correo electrónico firmado digitalmente por parte de la Administración pública por un tema de impuestos que ha dejado sin pagar por olvido. La Administración le exige que conteste a dicho correo, pero firmado digitalmente. Juan ni está capacitado para hacerlo ni sabe cómo hacerlo.

Explica cómo puede contestar Juan a dicho correo electrónico firmado digital-mente sin hacer uso de certificado alguno. Asimismo, lleva a cabo dicho proceso enviando algún correo de prueba para comprobar el resultado obtenido.

7. Certificados de valoración de páginas web

 HILO CONDUCTOR

María, propietaria de la empresa Asegral, ha perdido la cantidad de 200 € al realizar una compra *online* en una web fraudulenta; desde la consultoría que la asesora le han recomendado el uso de herramientas para poder detectar si un sitio web es fiable o, por el contrario, es fraudulento; en la actualidad hay muchas disponibles.

Con esta información, María ha decidido crear un recurso en su web para informar a sus clientes de cómo pueden realizar este proceso de verificación o valoración de páginas web en internet para que no les pase como a ella y no tengan problemas en sus compras *online*.

Un certificado de valoración de páginas web va a indicar **cuánto es más segura una página web que otra** en función de las medidas de seguridad implantadas.

Seguramente, muchas veces has estado delante de una página web y te ha surgido la duda de si es segura o no para poder realizar, por ejemplo, compras en ella. Para ello, se utilizan los certificados de valoración de páginas web, para poder **comprobar su veracidad** y saber si es fiable o no.

 EJEMPLO

Te encuentras en el aeropuerto de Londres y, en un determinado momento, un agente de la autoridad te pide que te identifiques. Seguramente le mostrarás un pasaporte o algún tipo de documento acreditativo sobre ti.

Lo mismo ocurre con las páginas web; para verificar una página web bastará con comprobar su certificado digital, que es el elemento de confianza de terceros que garantiza que la página web es propiedad de la entidad que dice ser.

Hay muchas formas de **comprobar este tipo de certificado de validación** de las páginas web. Entre ellas se encuentran las siguientes:

A través del navegador	A través de otro sitio web
- La mayoría de los navegadores implementan un código de seguridad para hacer más fácil este proceso al usuario.	- Se puede comprobar el certificado de validación de una página web usando otra web en línea cuyo objetivo es el análisis del enlace o URL indicada.

7.1. A través del navegador

La mayoría de los navegadores implementan un **código de seguridad** para hacer más fácil este proceso al usuario. ¿En qué debes fijarte?

Cuando navegas por las páginas web debes observar si la dirección de dicha web en el navegador es **HTTP** o **HTTPS.** Además, la **barra del navegador** puede adquirir distintos colores:

Color verde	Color rojo
- La página a la que estás accediendo es **correcta, verídica y segura.**	- El sitio al que estás accediendo no es seguro y, además, puede resultar **potencialmente dañino** para el dispositivo con el que estás accediendo a dicha web.

Pero cuidado, porque puede darse el caso de que la dirección comience por "https" pero la barra de direcciones no se ponga de color verde. Esto sucede porque el certificado no demuestra que dicha página pertenece a quien dice pertenecer.

👁 EJEMPLO

Si en el aeropuerto te roban la cartera, no puedes demostrar que eres quien dices ser, ¡que no quiere decir que no lo seas!

- -

A continuación, puedes ver algunos **ejemplos de la barra de direcciones en diferentes navegadores:**

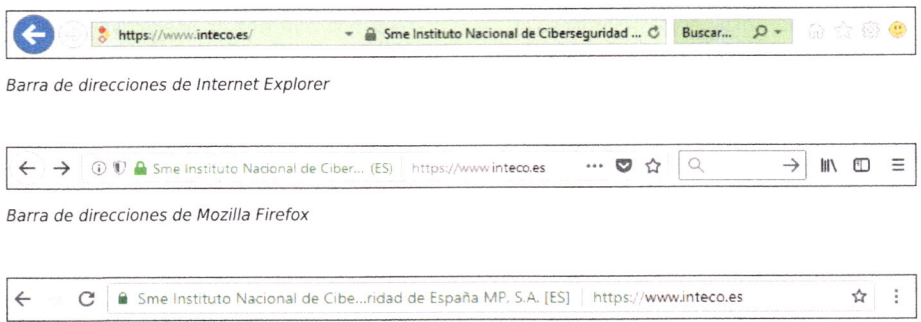

Barra de direcciones de Internet Explorer

Barra de direcciones de Mozilla Firefox

Barra de direcciones de Google Chrome

¿Qué hacer si la barra del navegador no está de color verde?

Muchas veces, los ciberdelincuentes o piratas informáticos usan técnicas como el *phishing* para suplantar la identidad de bancos, redes sociales, etc., y así obtener los datos de acceso de los usuarios y *hackear* sus cuentas.

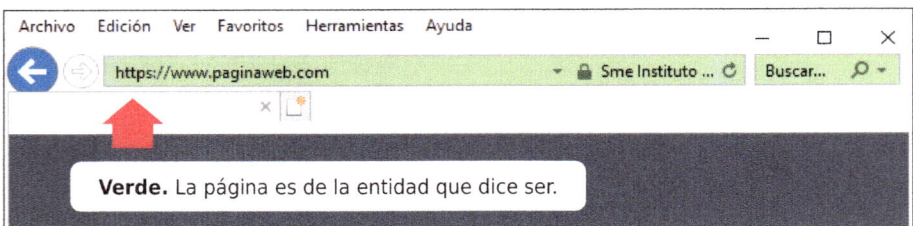

Si la barra del navegador es verde, no hay por qué temer por la seguridad de un determinado sitio web.

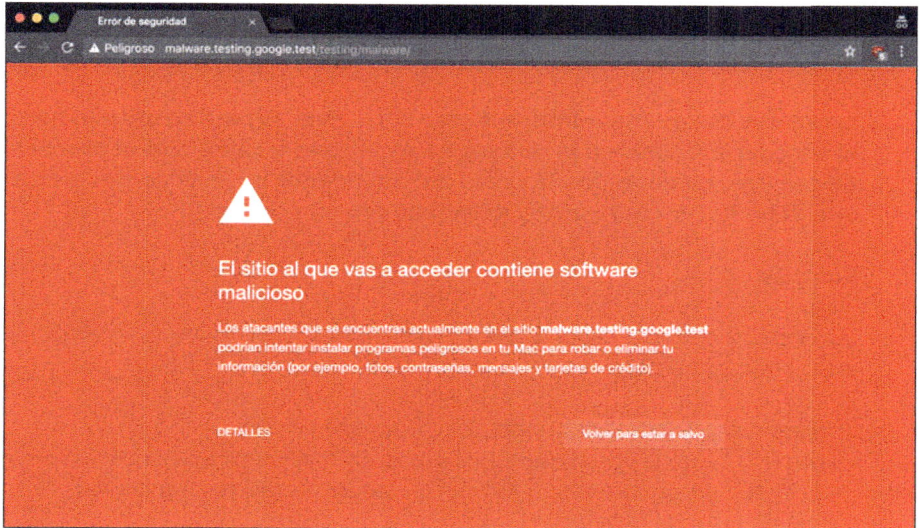

Ejemplo de un acceso a un sitio inseguro cuyo certificado digital de página web no es válido o puede presentar problemas

Los navegadores actuales cuentan con una serie de **filtros** que precisamente intentan evitar esas situaciones:

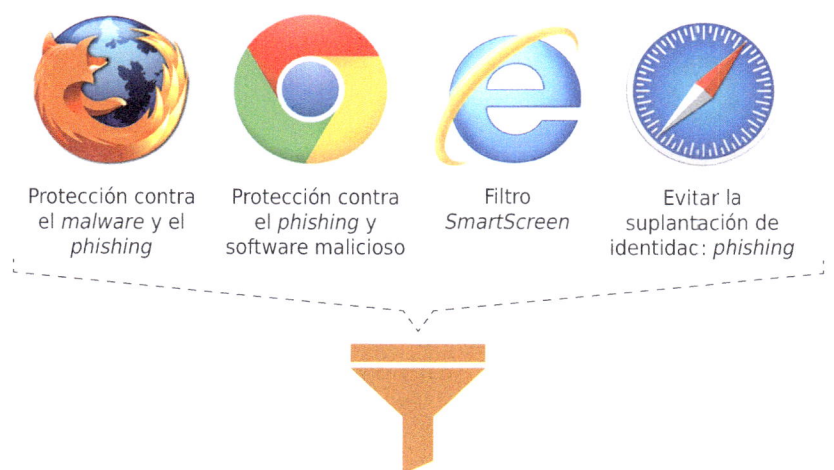

Cuando la barra del navegador no adopta el color verde lo mejor es seguir una serie de **consejos** antes de continuar navegando por el sitio web o la página.

 **EJEMPLO**

Laura va a comprar por internet unas sillas nuevas para su oficina, pero al acceder a la web en la que las ha localizado y comenzar el proceso de compra, observa que la barra del navegador no está verde. Indica qué debe hacer Laura antes de seguir con su compra.

Solución

Los consejos que debe seguir Laura antes de realizar sus transacciones en dicha web son los siguientes:

- Informarse sobre el sitio antes de realizar una compra.
- Informarse de las condiciones generales de contratación de la página web si puede acceder a ellas; si no puede acceder a ellas, tendría que empezar a desconfiar de la página.
- Leer la política o declaración de privacidad del sitio.
- A la hora de realizar la compra, proporcionar solo la información imprescindible para la misma.
- Mantener un registro de las transacciones para luego poder comprobarlas.

7.2. A través de otro sitio web

Otra alternativa para poder comprobar el certificado de validación de una página web es usar otra web en línea cuyo objetivo es el **análisis del enlace** o **URL** que se le indique.

Una web que puede utilizarse para realizar dicha comprobación es *Qualys SSL Labs.* Puedes acceder a ella a través de su página web: <https://www.ssllabs.com/ssltest/index.html>.

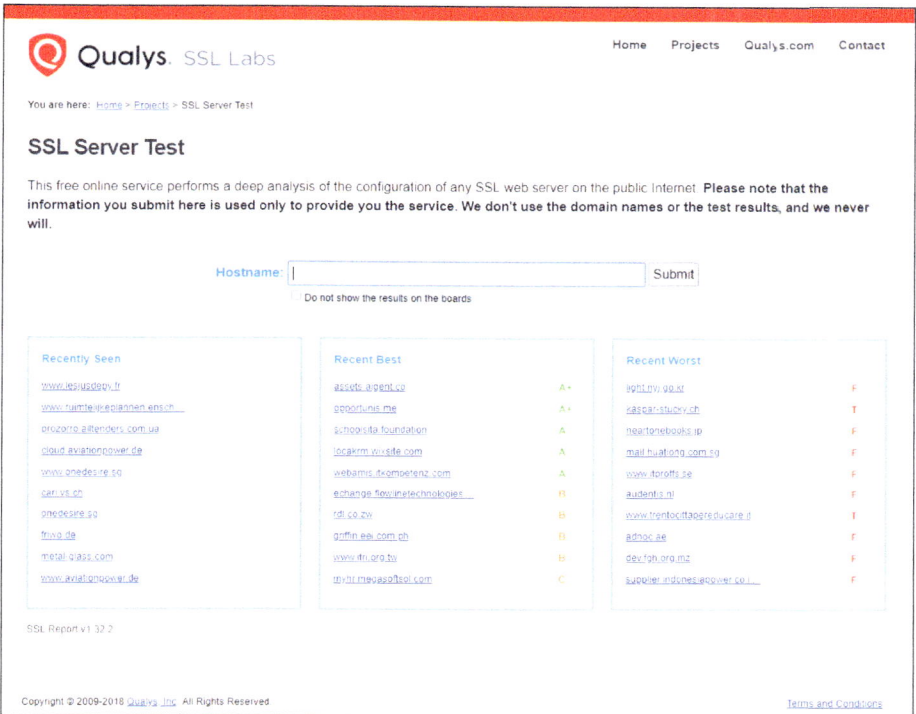

Página principal de la web para el análisis SSL

Tras acceder a **Qualys SSL Labs,** debes incluir la URL de la que quieres obtener información de seguridad en la caja de texto que aparece. Pueden presentarse dos situaciones:

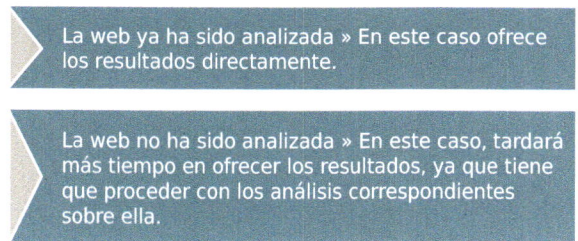

A continuación puedes ver un ejemplo en el que se muestra cómo analizar la web: <http://www.pccomponentes.com/>.

Para analizar este sitio, en primer lugar, introduce la dirección (http://www.pccomponentes.com) en la caja de texto y pulsa sobre el botón Submit para obtener los siguientes datos:

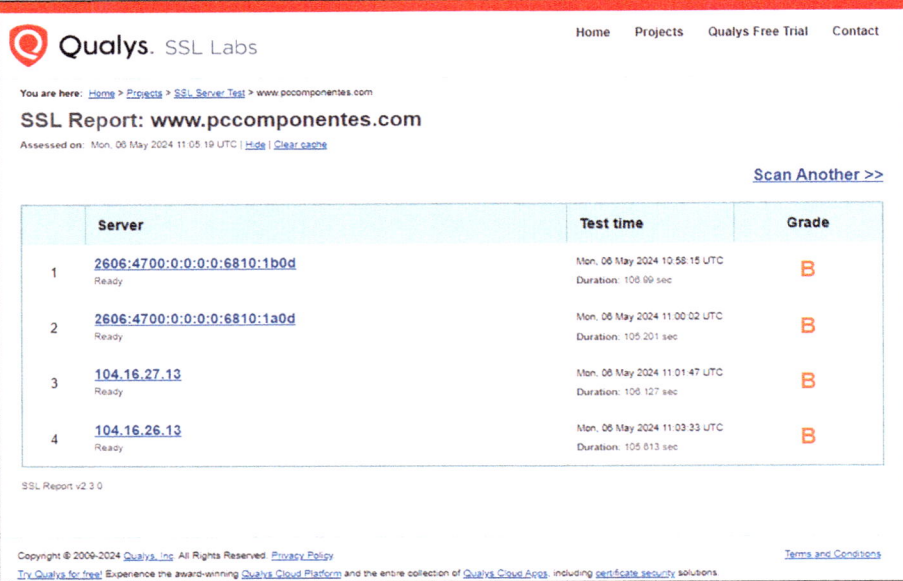

En la imagen se observa que la empresa cuenta con 4 servidores para replicar la información de sus usuarios.

Tal y como puedes apreciar, esta empresa tiene 4 servidores funcionando, los cuales son aptos los 4; la letra A verde así lo indica.

Si pulsas en el primer servidor, obtendrás la siguiente información:

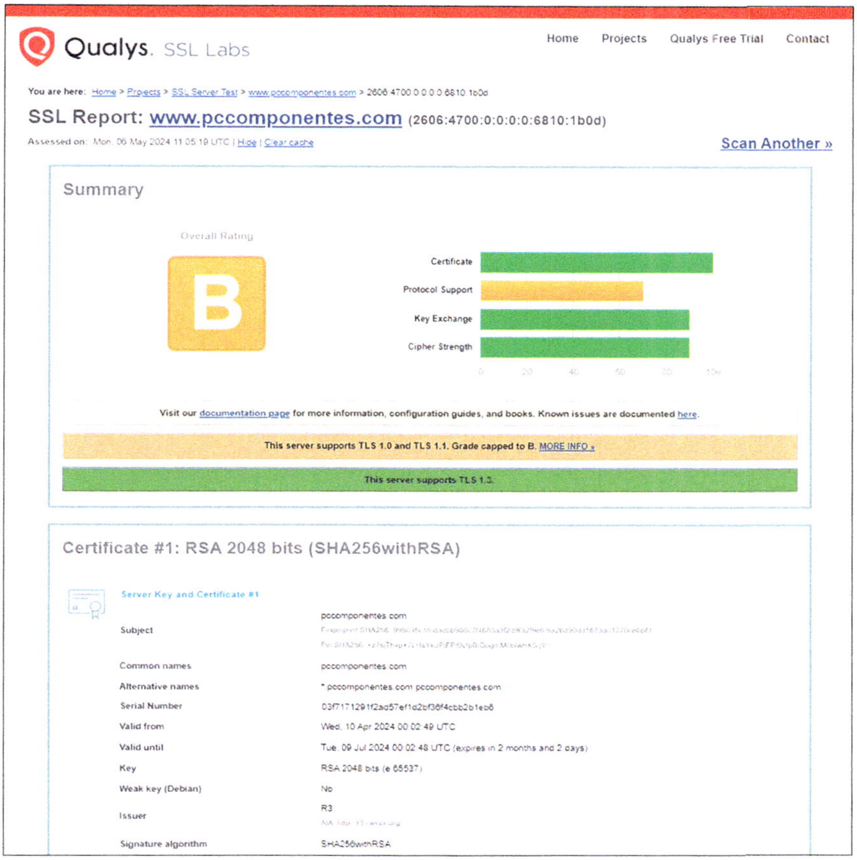

Información concreta sobre un servidor en el que el certificado instalado en él es válido.

Como puedes observar, en la parte superior se aprecia que el certificado y protocolo se clasifican en categoría B por lo que son aptos y validos. Además, en el cuadro de abajo puedes obtener información acerca del certificado que se usa en dicha empresa, en este caso un RSA de 2048 bits, sobre el cual se informa de que es válido hasta el 09 de julio de 2024.

✏ ACTIVIDAD COMPLEMENTARIA

8. Localiza en internet algunos desarrollos en los que se den las siguientes circunstancias:

Continúa en página siguiente >>

[101]

<< Viene de página anterior

- Que la barra del navegador se ponga en verde (seguros).
- Que la barra del navegador se ponga en rojo (sitios inseguros).

 TAREA 8

Óscar es un autónomo dedicado al mundo de la fotografía profesional y tiene un desarrollo web *online* mediante el cual ofrece sus servicios y productos. Últimamente, a consecuencia de la crisis, el negocio no ha obtenido los ingresos suficientes y ha decidido usar una versión pirata de un *software* famoso de retoque fotográfico. Ha accedido a internet, en el buscador ha tecleado el nombre del famoso *software* y cuando ha pinchado en la página de descarga, la pantalla del navegador se ha puesto en rojo y Óscar se ha asustado.

A partir de la situación dada, explica razonadamente qué es lo que está sucediéndole a Óscar con la pantalla en rojo y cuáles son las posibles consecuencias derivadas de continuar con el proceso de obtención del *software*.

---

8. Certificados de sello, fecha y hora

 HILO CONDUCTOR

María, propietaria de la empresa Asegral, conoce la importancia que tiene la firma digital en los procesos de firma de documentos de cara a la ley; pero también acaba de comprender la importancia de usar certificados de fecha y hora, sobre todo, para demostrar en qué momento fue firmado ese documento digitalmente por la persona que acredita su identidad digital en él.

Por eso, en el proceso de transformación digital que está llevando a cabo en su empresa, una de las prácticas que ha implantado es que siempre que los empleados remitan documentos digitales firmados a sus clientes deben usar el certificado de fecha y hora que tiene la empresa en su poder.

Los **certificados de sello,** también conocidos como certificados de sello de órgano, son usados para la **identificación y firma en entornos administrativos** y se realiza a través de dispositivos informáticos, es decir, no se requiere la presencia física de personas.

Actualmente la Administración pública española tiene automatizados todos sus actos administrativos, de tal forma que, mediante el uso de sistemas informáticos debidamente programados, los usuarios pueden obtener sus datos sin presencia de persona física de por medio.

 **EJEMPLO**

Esto ocurre al pedir un informe de vida laboral con un certificado o DNIe. Se accede a los datos automatizados de la Administración firmante, en este caso la Seguridad Social, sin que intervenga ninguna persona de por medio, obteniendo así el informe de vida laboral por procesos informáticos de automatización.

Los certificados de sello se basan en un certificado digital que necesariamente tiene que incluir la siguiente **información:**

Número de identificación fiscal
- Corresponde a la administración firmante que facilita la información que quieres obtener.
- En el caso del ejemplo sería la Seguridad Social.

Denominación de la administración
- Corresponde con la administración que interviene en el proceso certificador. Debe quedar bien clara la identificación de la administración que interviene en el proceso.

Identidad de la persona titular
- La persona titular es la responsable de la empresa que solicita un sello de fecha y hora para su web. La mayoría de las veces esta información es opcional, pudiéndose incluir o no.

Cuando trabajas con certificados de sellos de confianza pueden surgirte las siguientes dudas:

- **Requerimientos necesarios.** La obtención del certificado de sello de confianza está restringida a un grupo de usuarios específico, de tal forma que cualquier usuario no puede solicitar este tipo de certificado. Solamente podrán hacerlo las personas que ocupen cargos superiores en una empresa y que así lo justifique ante la Administración pública.
  Además, para obtener este certificado de sello es imprescindible disponer de un certificado digital corriente, justificar el cargo que se desempeña en la empresa, así como el responsable administrativo, que es la persona que va a hacer uso de ese certificado en nombre de la empresa. Este tipo de certificado tiene una validez de tres años y lleva asociado un desembolso económico.
- **¿Dónde solicitarlos?** Esta clase de certificados se solicitan *online* y son necesarios al menos tres días por parte de la agencia de certificación para que pueda llevar a cabo las verificaciones correspondientes y necesarias para comprobar que el solicitante del certificado de sello cumple con los requisitos o requerimientos establecidos antes de emitir el certificado.
  Una vez comprobado, será la misma agencia la que contacte con el solicitante mediante correo electrónico para notificarle el estado del proceso.
  Si todo es correcto, recibirá otro correo con una URL donde debe firmar el contrato de certificación asociado al certificado de sello que ha pedido y, posteriormente, podrá descargarse el archivo con el certificado de sello. En caso de que se produzcan problemas durante este proceso, la agencia de certificación enviará un correo electrónico informando al solicitante de los motivos que han dado lugar al rechazo del certificado de sello.

Los certificados de fecha y hora se conocen también como marca de tiempo y sello de tiempo.

DEFINICIÓN

Marca de tiempo
Se realiza sobre documentos con el fin de asignar fecha y hora a dicho documento, todo digitalmente.

Continúa en página siguiente >>

<< Viene de página anterior

Sello de tiempo

Se realiza sobre documentos con el fin de asignar de forma exacta e íntegra un tiempo (fecha u hora) y con la participación de un prestador de servicios de certificación que actúa de intermediario.

Estos certificados se usan siempre que haya que **justificar hora y fecha en la información** o datos a transmitir.

 **EJEMPLO**

Te dan de alta digitalmente en el trabajo que acabas de encontrar, los datos de fecha y hora son importantes para la Administración a la hora de calcular el desempleo posteriormente, de ahí la importancia de estos certificados.

Los **objetivos** con los que se usa el certificado de fecha y hora son los siguientes:

Aumentar la confianza del comercio electrónico
- Al usar el certificado de fecha y hora en los pedidos, facturas y documentos que derivan del uso del comercio electrónico se obtiene la garantía de legalidad, dejando atrás posibles fraudes y repudios.

Protección de identidad intelectual
- Cualquier contenido digital puede ser copiado o pirateado sin mucha dificultad, pero si a este contenido se le dota de un certificado de fecha y hora, ya se está protegiendo la propiedad intelectual.

Ampliación de las funcionalidades de la firma electrónica
- Incluyendo un sello de fecha y hora en una firma digital se está aportando, además de la firma digital, la hora y fecha en la que se firmó el documento, pudiendo inclusive verificar el sello de fecha y hora para mayor seguridad del documento.

Al trabajar con los certificados de sello de fecha y hora pueden surgirte una serie de preguntas, tales como:

- **¿Qué formato tiene el certificado de sello de hora y fecha?** Actualmente, el formato que lleva es una codificación en un fichero XML como puedes ver en el ejemplo siguiente:

```xml
<dss:Timestamp xmlns:dss="urn:oasis:names:tc:dss:1.0:core:schema">
    <ds:Signature xmlns:ds="http://www.w3.org/2000/09/xmldsig#" Id="Id-b898">
    <ds:SignedInfo Id="Id-45d6cc1d-960a-4185-b80b-38f205cb1bae">
    <ds:CanonicalizationMethod Algorithm="http://www.w3.org/2001/10/xml-exc-
    c14n#WithComments"/>
    <ds:SignatureMethod Algorithm="http://www.w3.org/2000/09/xmldsig#rsa-sha1"/>
    <ds:Reference Id="Id-bed8bc1e-47be-4813-ba42-972712edc9fb">
    <ds:DigestMethod Algorithm="http://www.w3.org/2000/09/xmldsig#sha1"/>
    <ds:DigestValue>NAXrr45KollfbNBATVDQH4OBc6U=</ds:DigestValue>
    </ds:Reference>
    <ds:Reference Id="Id-771" Type="urn:oasis:names:tc:dss:1.0:core:schema:
    XMLTimeStampToken" URI="#TSTInfo-Id-c57f7f58-9712-4a55-821c-4334d75ab100">
    <ds:Transforms>
    <ds:Transform Algorithm="http://www.w3.org/2001/10/xml-exc-c14n#"/>
    </ds:Transforms>
    <ds:DigestMethod Algorithm="http://www.w3.org/2000/09/xmldsig#sha1"/>
    <ds:DigestValue>IU8FzVDfK7AhkDboTphMypNyeDY=</ds:DigestValue>
    </ds:Reference>
    </ds:SignedInfo>
    <ds:SignatureValue>gYxon9Qr..=</ds:SignatureValue>
    <ds:KeyInfo>
    <ds:X509Data>
    <ds:X509Certificate>MII..c=</ds:X509Certificate>
    </ds:X509Data>
```

Ejemplo de un fichero XML con certificado de sello de hora y fecha

- **¿Cómo se obtiene una fuente fiable de fecha y hora?** Se indica que el sistema deberá contar con una fuente de tiempo que sea estable y fiable, pero no se indica cómo obtenerla.
  Para ello, un ejemplo puede ser la ROA (Real Instituto y Observatorio de la Armada) que ofrece sincronización con sus servidores para obtener una fuente fiable de tiempo.
- **¿Qué archivos pueden verse afectados por el sello de fecha y hora y la capacidad de los mismos?** En cualquier archivo o documento, mientras sea electrónico o digital, puede aplicarse un certificado de sello y hora sin importar el tipo de archivo y el tamaño que ocupe en disco de almacenamiento.
- **Proceso de sellado de fecha y hora.** El proceso que debe realizarse para la obtención de un certificado o sello de fecha y hora es el siguiente:

1. El cliente o usuario tiene un documento al cual quiere aplicar un sello de tiempo (certificado de fecha y hora).
2. Se genera el *hash* correspondiente al documento en el dispositivo del cliente, mediante el uso de los algoritmos permitidos.
3. Ya con el *hash*, un identificador de política y un identificador de aplicación, se enviará una petición a la plataforma de sellado.
4. La plataforma de sellado genera el sello de tiempo (fecha y hora) con el *hash*, con la fecha y hora (obtenida de un sitio de confianza) y la firma electrónica.
5. Se procede a remitir el sello de tiempo al cliente.
6. La plataforma de sellado guarda una copia de seguridad del sello emitido a fin de poder ser verificado en un futuro por terceros.

 **¿Qué entidades intervienen en el proceso?** Quienes generan sellos de tiempo se denominan autoridades de sellado o TSA *(Time Stamp Authority)*. Deben cumplir lo siguiente:

1. Usar una fuente de datos fiable.
2. Usar en cada sello un valor de tiempo fiable y exacto.
3. Incluir un número entero único en cada sello que se emita.
4. Incluir un identificador en los sellos que se corresponderá con la política de seguridad que se usa en dicho sello.
5. Firmar el sello con una clave que se genera única y exclusivamente para tal fin.

DEFINICIÓN

Hash

Funciones capaces de crear, a partir de una entrada cualquiera (texto, contraseña, archivos, imágenes, etc.), una salida alfanumérica la cual representa un resumen de la información de entrada.

- -

 TAREA 9

Juan ha estado consultando los certificados con el fin de actualizar su desarrollo *online*, el cual lleva casi 5 años sin modificación alguna. Dado que Juan es un

Continúa en página siguiente >>

<< Viene de página anterior

abogado *freelance,* ha visto en el certificado de sello y hora una gran ventaja a la hora de poder dar credibilidad cuando genera los documentos de sus clientes.

Además de este, ¿qué otros beneficios se derivan del uso del certificado de fecha y hora? Enumera los beneficios que puede obtener Juan con el uso del certificado de sellado de fecha y hora.

---

9. Resumen

Hay muchos **tipos de certificaciones** en función de los objetivos que se persigan, entre ellos se encuentran los siguientes:

- Certificados de servidor (SSL)
- *Microsoft Server Gated Cryptography Certificates*
- Certificados canalizadores
- Certificados de correo electrónico
- Certificados de valoración de páginas web
- Certificados de sello, fecha y hora

Un **certificado SSL** se usa para realizar traspaso de información entre dos elementos de la red internet de forma segura. Un ejemplo de este protocolo es el HTTPS mediante el cual es posible conectarse a un servidor de forma segura. Un certificado SSL consta de dos partes: pública y privada.

Este tipo de certificado asegura que la comunicación no puede ser ni modificada ni interceptada por terceros; además, el certificado SSL consta de tres **componentes principales** que son:

Otro elemento en el que hay que garantizar la seguridad es en el **correo electrónico.** El *software* relativo a proveedores de correo electrónico permite el uso y utilización de certificados digitales para poder firmar y cifrar los mensajes. De esta forma, los protocolos usados en correo electrónico más habituales son:

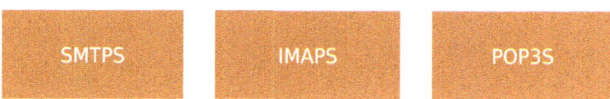

Se puede trabajar con los **certificados de correo electrónico** desde dos puntos de vista:

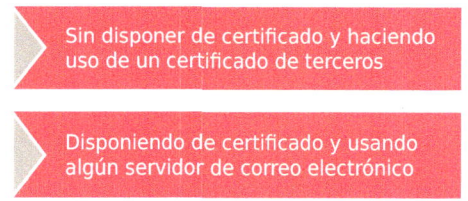

Otro aspecto importante en relación a la seguridad es la comprobación de la fiabilidad de las páginas web. Un **certificado de valoración de páginas web** va a indicar cuánto es más segura una página web que otra en función a las medidas de seguridad implantadas. Permite **comprobar su veracidad** y saber si es fiable o no. A la hora de valorar una web, puede hacerse de distintas formas:

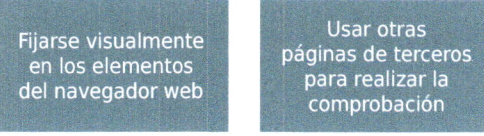

Por último, así como un certificado digital identifica digitalmente a una persona, el **certificado de fecha y hora** da información sobre el momento en el que fue firmado o enviado digitalmente un documento o correo electrónico. Los objetivos que persigue el uso de este certificado son los siguientes:

- Aumentar la confianza del comercio electrónico
- Protección de identidad intelectual
- Ampliación de las funcionalidades de la firma electrónica

Ejercicios de autoevaluación
Unidad de Aprendizaje 2

1. **"Garantizar digitalmente la identidad de la persona que firma electrónicamente un documento en internet" es el objetivo de:**

   a. La firma.
   b. La firma digital.
   c. La firma electrónica.
   d. El certificado digital.

2. **El coste económico de un certificado digital...**

   a. ... es invariable.
   b. ... varía en función del tipo de certificado a obtener.
   c. ... depende de la cantidad de usos que se hagan de. certificado.
   d. ... depende del tipo de certificado y uso que se le dé.

3. **Los certificados para la firma de código, ¿en función de qué criterio se clasifican?**

   a. Según las comprobaciones a realizar.
   b. Según su finalidad.
   c. Según quién los utiliza.
   d. Según la forma del certificado.

4. **SSL ofrece mecanismos:**

   a. De aislamiento y seguridad.
   b. Solo de seguridad.
   c. Solo de aislamiento.
   d. Todas las opciones son incorrectas.

5. **Un certificado SSL consta de dos partes:**

   a. Llave pública y llave privada.
   b. Llave privada y licencia pública.

c. Parte pública y parte privada.

d. Parte pública y llave pública.

6. ¿Cuál de las siguientes no es una propiedad aportada por el Certificado canalizador?

a. Incremento del tráfico.

b. Velocidad de respuesta.

c. Dar servicio a los usuarios.

d. Filtro.

7. Señala cuál de los siguientes no es un protocolo seguro en el certificado de correo electrónico:

a. SMTPS

b. POP3

c. IMAPS

d. POP3S

8. En un certificado de validación de páginas web, ¿qué color adopta la barra del navegador?

a. Puede adoptar un solo color: blanco.

b. Puede adoptar dos colores: rojo y verde.

c. Puede adoptar tres colores: rojo, verde y blanco.

d. La barra del navegador no adopta color alguno.

9. Los certificados de sello se basan en un certificado digital que incluye:

a. Número de identificación fiscal.

b. Denominación de la Administración.

c. Identidad de la persona titular.

d. Todas las opciones son correctas.

10. **Señala cuál de los siguientes no es un objetivo de los certificados de fecha y hora:**

    a. Aumentar la confianza del comercio electrónico.
    b. Atraer más visitantes al sitio web.
    c. Protección de identidad intelectual.
    d. Ampliación de las funcionalidades de la firma electrónica.

Unidad de Aprendizaje 3

Sistemas de seguridad en la empresa

Contenido

Objetivos

El objetivo general de esta Unidad de Aprendizaje es:

→ Reconocer los diferentes sistemas de seguridad en la empresa, así como los protocolos de seguridad que se aplican.

Los objetivos específicos de esta Unidad de Aprendizaje son:

→ Identificar los diferentes tipos de seguridad en la empresa.

→ Diferenciar entre seguridad pasiva y reactiva (activa).

→ Identificar procesos de suplantación de identidad o *spoofing.*

→ Reconocer los protocolos seguros.

1. Introducción

Al hablar de **seguridad informática** se está haciendo referencia a un concepto bastante amplio que abarca muchos posibles escenarios. Normalmente, las empresas toman medidas de seguridad para vigilar sus datos, evitar la pérdida de los mismos, impedir que se produzcan accesos no autorizados por parte de quien no debe, etc. Al estar presente hoy en día cualquier empresa en un entorno como internet, se debe apostar por desarrollar medidas de seguridad.

La seguridad en informática es una tecnología de la información cuyo objetivo se centra en la **protección de datos y en las comunicaciones** de una determinada empresa o particular. Debido a que internet está en cambio constante, casi a diario es necesario revisar la seguridad, sobre todo de las empresas.

Estas medidas de seguridad normalmente se van a centrar en tres aspectos que son: *hardware, software* y **redes.**

Durante el desarrollo de esta unidad verás los sistemas de seguridad en las empresas, los cuales a su vez se clasifican en sistemas de seguridad pasivos y sistemas de seguridad reactivos. Además verás en qué consisten las técnicas de suplantación *(spoofing)*, así como los protocolos SET, PGP Y SSL.

Para ello nos basaremos en el caso de Asegral, una empresa que tiene ya 40 años de vida. Era propiedad del padre de María, quien ahora se ha hecho cargo de la gerencia de la misma al jubilarse este, y ha emprendido el camino hacia la transformación digital en la empresa. Ha comenzado a realizar sus trámites de manera *online,* por lo que uno de los aspectos a los que debe prestar especial atención es la seguridad informática.

2. Tipos de sistemas de seguridad en la empresa

HILO CONDUCTOR

María, dado que está digitalizando la empresa Asegral después de tomar sus riendas, ha tenido que ponerse al día en los tipos de seguridad de empresa, informáticamente hablando, y adoptar técnicas de seguridad para poder cumplir los objetivos de seguridad.

La seguridad en una empresa se centra en tres aspectos fundamentales:

⊃ **Hardware.** Dentro de la seguridad *hardware* se deben englobar aquellas acciones que se llevan a cabo para proteger los equipos informáticos de cualquier daño físico.

Cualquier componente que se integra en un dispositivo informático o bien controla el tráfico de una determinada red son posibles ejemplos de seguridad de *hardware.*

Seguramente has oído hablar de cortafuegos *(firewall)* y servidores *proxy,* que son los que más se utilizan a nivel *hardware.* Otros, aunque menos comunes en los usuarios "normales o básicos", son los sistemas *hardware* HSM, los cuales constan de módulos de seguridad para suministrar claves criptográficas, de descifrado y de autentificación frente a varios sistemas (servidores).

⊃ **Software.** La seguridad *software* se encarga de proteger a este último frente a posibles ataques maliciosos por parte de piratas, *hackers* y frente a otros riesgos, de tal forma que el *software* que tengas instalado y estés utilizando en los equipos informáticos pueda seguir usándose a pesar de estos riesgos.

La mayoría de los problemas de seguridad *software* derivan de errores de implementación, desbordamientos de búferes, técnicas erróneas de diseño, mala implementación del manejo de errores, etc., de tal forma que los ciberdelincuentes aprovechan estas vulnerabilidades *software* para atacar los equipos informáticos donde se encuentran instaladas.

Además, si las aplicaciones *software* cuentan con conexión a internet, se duplica exponencialmente el riesgo en la seguridad. En informática existe una rama llamada ingeniería del *software,* que es la encargada de estudiar y dar solución a estos problemas.

⊃ **Redes.** Mediante la programación de "actividades" diseñadas para la red puedes proteger su uso, fiabilidad, integridad, seguridad de red y datos. Una vez que una amenaza o riesgo se ha introducido en una red, todos los dispositivos conectados a esta (ordenadores de sobremesa, portátiles, *smartphones,* tabletas, etc.) corren el riesgo de caer infectados y provocar un caos en la red. A día de hoy las amenazas que pueden encontrarse en la red son las siguientes:

◊ Virus, gusanos y caballos de Troya.
◊ *Software* de uso espía (espionaje) y publicitario.
◊ Ataques de día cero (también conocidos como ataques de hora cero).
◊ Ataques de *hackers.*
◊ Ataques de denegación de servicio (DoS, DDoS).
◊ Intercepción de datos o robo de los mismos.
◊ Robo de identidades (suplantación).

Los componentes de seguridad en redes más comunes son los siguientes:

- Antivirus.
- *Antispyware*.
- Cortafuegos (evitar accesos no autorizados).
- Sistema de prevención de intrusos (IPS).
- Redes privadas virtuales (VPN).

 PARA SABER MÁS

Accede a los siguientes enlaces en los que se analizan qué son y cómo funcionan algunos sistemas de seguridad: los cortafuegos, los sistemas de prevención de intrusos y las redes privadas virtuales.

https://redirectoronline.com/ifcm026po0301

https://redirectoronline.com/ifcm026po0302

https://redirectoronline.com/ifcm026po0303

La seguridad de la empresa también se puede clasificar en función de otros criterios, como son:

Seguridad de la empresa

En función del recurso al que hay que proteger o darle seguridad

En función a medidas para cubrir las necesidades de seguridad

Física

Lógica

Activa

Pasiva

Seguridad física. La protección física consiste en dar protección a los recursos o elementos que hay disponibles ante desastres de tipo natural (incendios, terremotos, inundaciones, problemas radioactivos), así como a amenazas del tipo: robo, problemas eléctricos, etc.

Seguridad lógica. La seguridad lógica no se centra tanto en el tema físico, sino más bien en todo lo contrario, en lo lógico, en el *software* o la información que un determinado equipo informático puede contener.

Seguridad activa. Este tipo de seguridad centra sus objetivos en prevenir o evitar los daños referentes a los sistemas o equipos informáticos, ya sea de *hardware* o bien de *software* o de red. Las medidas más habituales a tomar en la seguridad activa son los antivirus, los controles de acceso a servidores, encriptación de la información o datos, sistemas de redundancia *hardware*, etc.

Seguridad pasiva. La seguridad pasiva no es la parte contraria a la seguridad activa, sino más bien un complemento que se pone en marcha cuando la seguridad activa no ha cubierto sus objetivos, es decir, la seguridad activa sería prevenir o evitar frente a la seguridad pasiva, que sería dar la solución al problema generado. Por ejemplo el mecanismo más común usado en la seguridad pasiva son las copias de seguridad con el fin de evitar la pérdida de información de los dispositivos informáticos.

 **VÍDEO**

Observa el siguiente vídeo en el que puedes comprobar que ninguna empresa está libre de ser atacada por mucha seguridad informática que tenga implementada:

Continúa en página siguiente >>

<< Viene de página anterior

https://redirectoronline.com/ifcm026po0304

ACTIVIDAD COMPLEMENTARIA

9. Selecciona una determinada empresa o institución en internet y localiza al menos una técnica de seguridad pasiva y otra de seguridad activa dentro las medidas puestas en marcha para cubrir las necesidades de seguridad real de la misma.

TAREA 10

Juan ha abierto un comercio *online* dedicado al mundo de la fotografía y para ello ha instalado el desarrollo web en un servidor que se ha comprado y el cual mantiene en casa. En el mismo servidor tiene instalado un sistema operativo de usuario para trabajar con sus documentos, aparte del desarrollo.

Juan, hasta ahora, no trabaja con ningún tipo de elemento de seguridad. ¿Qué tipos de elementos de seguridad puede utilizar?

Identifica los diferentes tipos de seguridad en la empresa, poniendo algunos ejemplos de sistemas que podría usar Juan dentro de cada tipo de seguridad.

3. Sistemas pasivos y reactivos

☞ HILO CONDUCTOR

María tiene muy clara la importancia de la seguridad activa y pasiva, informáticamente hablando, para su empresa, pero también tiene claro que, sin la colaboración de sus empleados, todo queda en saco roto. Para ello, además de implementar seguridad activa y pasiva en su empresa, organiza jornadas de formación en seguridad informática para sus empleados de tal forma que se conciencien de la importancia de la seguridad informática para la empresa.

- -

Ya has visto que, en función de las medidas puestas en marcha para cubrir las necesidades de seguridad real, se pueden distinguir la seguridad activa y la pasiva.

La **seguridad activa,** o sistema reactivo, es aquella que en informática se destina a **prevenir cualquier tipo de ataque** en un entorno o sistema informático.

La **seguridad pasiva,** o sistema pasivo, es aquella que en informática se centra en la **minimización de los daños** causados por un usuario, por un accidente o por algún tipo de riesgo o amenaza informática.

3.1. Desventajas de la seguridad activa y pasiva

La seguridad informática que se denomina **activa** se centra fundamentalmente en obtener una solución ante un escenario concreto antes de que se produzca dicho escenario (problema o riesgo).

También se puede considerar la seguridad activa desde el punto de vista de mantenimiento informático: todas las acciones de mantenimiento informático que se lleven a cabo estarán orientadas a que aparezcan los mínimos errores o riesgos posibles.

Por su parte, la **seguridad pasiva** es aquella que se centra en la minimización de los datos causados en un equipo informático, ya sea por el uso de un usuario o bien por un riesgo o amenaza informática.

Ambos tipos de seguridad conllevan una serie de **desventajas asociadas,** que son las siguientes:

ACTIVA | **PASIVA**

Mantenimiento
El mantenimiento de los equipos o dispositivos informáticos siempre requiere cierto tiempo que debe emplearse. Durante dicho tiempo el equipo o dispositivo no estará disponible ni para trabajar con él ni para que lo usen.

Coste
La seguridad activa informática conlleva el desembolso económico de cierta cantidad, por ejemplo, adquirir un antivirus o comprar espacio en la nube.

Personal
No siempre las empresas cuentan con personal o un departamento informático adecuado o integrado en la misma empresa; es normal que se acudan a contratas, las cuales la mayoría de las veces, por ahorrar costes económicos, contratan a gente que no tiene los conocimientos necesarios para las tareas que les encomiendan.

Actualizaciones
Es altamente recomendable establecer las actualizaciones correspondientes al sistema operativo, para lo que se recomienda escoger una hora de actualización en la que el equipo o dispositivo informático no esté siendo usado por ningún trabajador de la empresa o cliente de la misma; así como las correspondientes a los programas instalados en el equipo, sobre todo el antivirus y el *antimalware* para que la base de virus y *malware* esté siempre actualizada y pueda realizar este *software* su función correctamente.

Almacenamiento
Al tener que realizar copias de seguridad de la información de los equipos, esta tiene que ser gestionada de modo correcto y normalmente dichas copias de seguridad suelen programarse para que se vayan subiendo a la nube (internet) a medida que se van generando. Se corre el riesgo que si el proveedor de servicios de la nube no implementa las medidas de seguridad necesarias al respecto, dicha información pueda ser robada o perdida con las consecuencias legales que de ello se derivan.

Contraseñas
Dado que todo está digitalizado y compartido en internet o en redes internas de las empresas, se recomienda cada cierto tiempo cambiar las contraseñas de acceso a los recursos protegidos y realizar dicho cambio con contraseñas seguras y fuertes para evitar ataques o accesos no autorizados.

3.2. Técnicas de seguridad

Además de implementar medidas de seguridad activas y pasivas, las empresas y organizaciones también optan por usar otro tipo de técnicas en ambos tipos de seguridad, mediante las cuales intentan aportar una mayor seguridad y un entorno más seguro.

Algunas técnicas usadas son las siguientes:

⮞ Seguridad pasiva:

  ◌ **Usar *hardware* especializado.** Siempre se debe usar el *hardware* adecuado contra las averías y accidentes más comunes en los dispositivos informáticos.
  ◌ **Escaneos completos.** Además del antivirus, se recomienda tener algún programa instalado para el *spyware* o *malware,* realizar cada cierto tiempo escaneos completos y, si se encuentra algún *malware,* limpiarlo correctamente.
  ◌ **Particiones.** Es aconsejable realizar particiones en el disco duro de los dispositivos informáticos de los usuarios con el fin de poder aislar los datos y *backups* o copias de seguridad en otra unidad distinta a donde se encuentra alojado el sistema operativo.
  ◌ **Antivirus.** Se debería testear el correcto funcionamiento de este, sobre todo para que pueda cumplir su labor: desinfectar de posibles virus, siendo necesario para esto tenerlo correctamente actualizado.
  ◌ **Copias de seguridad.** Mantener copias de seguridad de los datos de los dispositivos informáticos es vital para no perder la información; además, realizar también copias de seguridad del sistema operativo es altamente recomendable. Las copias de seguridad se aconseja tenerlas disponibles en distintos soportes y en diferentes ubicaciones físicas.
  ◌ **Desconexiones.** En el caso de que un determinado dispositivo informático resulte infectado por algún virus, *spyware* o *malware* y este esté conectado a una o más redes informáticas, se aconseja su desconexión de dicha red o redes con el fin de que no continúe expandiendo el virus o amenaza informática al resto de equipos que conforman la red.

⮞ Seguridad reactiva:

  ◌ **Contraseñas seguras.** Se aconseja el uso de contraseñas fuertes y seguras, para ello la contraseña debe tener más de 8 caracteres, estar compuesta de mayúsculas, minúsculas, números y/o caracteres alfanuméricos. Hay determinados tipos de virus cuyo objetivo es averiguar las contraseñas; mientras más complicado sea, más tiempo tardarán en descifrar la contraseña.

◑ **Antivirus.** No solo hay que contar con la presencia en el dispositivo informático de un *software* antivirus sino tenerlo correctamente actualizado al día, dado que continuamente aparecen nuevas amenazas o riesgos en internet y, si no está actualizado, el antivirus no podrá tomar medidas cuando encuentre dichos riegos o amenazas.

◑ **Copias de seguridad.** Aquella información que se considere de interés o sensible para la empresa deberá tener definido un "plan de copias de seguridad", con el que cada cierto tiempo se realiza una copia de seguridad de dichos datos con el fin de evitar el riesgo de perderlos.

◑ **Usuarios auxiliares.** Algunos tipos de virus o *malware* son capaces de bloquear al usuario actual que ha iniciado sesión en el sistema operativo. Por eso, si dispones de otro perfil, puedes acceder al sistema operativo y realizar las correspondientes labores de mantenimiento para librarte de este riesgo o amenaza informática.

◑ **Encriptación.** Con este proceso los datos realmente importantes o sensibles se pueden cifrar para que no puedan ser leídos por terceros aunque sean interceptados en la red o internet; no pueden ser leídos por terceros porque no disponen de las claves necesarias para desencriptar (descifrar) la información cifrada.

◑ *Software* **de seguridad.** Además del uso de antivirus, se recomienda usar otros tipos de dispositivos tales como cortafuegos *(firewall)* o bien antiespías *(spyware)* con el fin de ofrecer un entorno más seguro y libre de riesgos informáticos.

◑ **Análisis periódicos.** Realizar análisis periódicos y definidos en el tiempo es la mejor opción que se puede tomar con el antivirus y el antiespía, con el fin de buscar virus o *malware*. Si se detectan, se deben realizar las operaciones oportunas para librarse de ellos en el equipo informático.

Técnicas de seguridad

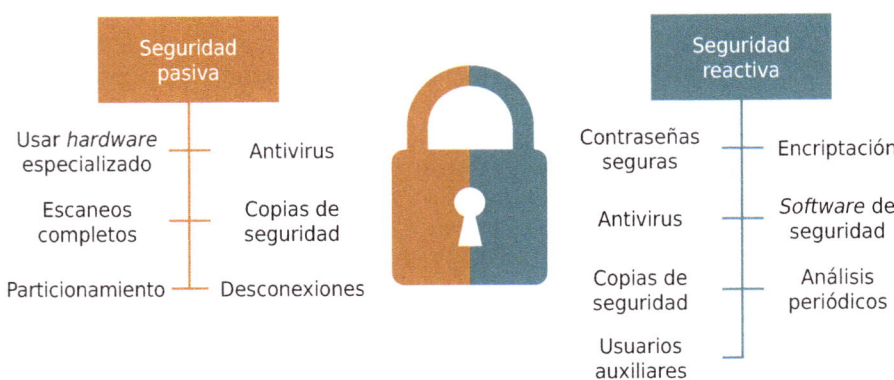

 **NOTA**

Algunas técnicas, como el uso del antivirus, son híbridas, es decir, es tanto seguridad pasiva como activa. Es activo en cuanto realiza los escaneos para encontrar un virus, pero es pasivo cuando encuentra el virus.

- -

3.3. ¿Qué tipo de seguridad necesita tu empresa?

Algunas preguntas que puedes plantearte para saber si **tu empresa necesita usar seguridad activa o pasiva** son las siguientes:

1. ¿Disponemos de las medidas de seguridad necesarias para evitar la pérdida o fuga de información o datos?

2. ¿Contamos con *software* adecuado para luchar contra el *malware?*

Continúa en página siguiente >>

<< Viene de página anterior

3. ¿Es la red informática de la empresa segura?

4. ¿Nuestra página web o desarrollo web cuenta con las medidas necesarias para que no puedan actuar los *hackers?*

5. ¿Se realiza mantenimiento periódico a los dispositivos o equipos informáticos de la empresa?

6. ¿Se controla la información que se almacena en los dispositivos de almacenamiento masivo de los equipos o dispositivos informáticos, así como los programas instalados en los mismos?

7. ¿Se optimiza el arranque de los equipos o dispositivos informáticos?

8. ¿Actualizamos correcta y periódicamente el sistema operativo de los equipos o dispositivos informáticos?

Obviamente, todo dependerá del tipo de empresa del que se trate, no se pueden comparar las necesidades de seguridad de unos grandes almacenes de renombre con las de un comercio *online* de un autónomo. Está claro que partirán de unos mínimos de seguridad comunes, pero el primero implementará medidas mucho más fuertes y costosas que el segundo.

En cualquier caso, estas preguntas te ayudarán a reflexionar y analizar la situación de tu empresa para tomar las decisiones adecuadas en relación a la seguridad.

3.4. ¿Cómo mejorar la seguridad de tu empresa?

Para mejorar la seguridad de una empresa, da igual que sea activa o pasiva, debes:

Marcar calendarios de trabajo en el tiempo	Definir los protocolos de actuación necesarios

Para llevar a cabo lo anterior, puedes responder a las siguientes preguntas para definirlos:

1. ¿Cuándo, quién y cómo se van a hacer las tareas de mantenimiento del sistema en cada equipo o dispositivo informático?
2. ¿Cómo se va a gestionar la RAM de cada equipo o dispositivo?
3. ¿Qué medidas de copias de seguridad se van a adoptar al respecto?

 DEFINICIÓN

RAM *(Random Access Memory)*
Memoria de acceso aleatorio que es considerada la memoria principal de los equipos informáticos y donde se alojan los programas y datos con los que trabaja el usuario y el sistema operativo; sobre ella se pueden realizar operaciones de lectura y escritura.

 VÍDEO

Observa los siguientes vídeos en los que se pone de manifiesto la importancia de la seguridad informática y se describen las prácticas a seguir para garantizar un mínimo de seguridad en la empresa:

https://redirectoronline.com/ifcm026po0305

Continúa en página siguiente >>

<< Viene de página anterior

https://redirectoronline.com/ifcm026po0306

https://redirectoronline.com/ifcm026po0307

https://redirectoronline.com/ifcm026po0308

 ACTIVIDAD COMPLEMENTARIA

10. Localiza en internet al menos a tres proveedores que ofrezcan soluciones de seguridad activas y pasivas para tu negocio.

TAREA 11

Como profesional de la seguridad informática, tienes que recomendar a una empresa nueva que ha comenzado su andadura digital y cuyo objetivo radica en la compraventa de vehículos de segunda mano, sobre los sistemas de seguridad que puede usar.

Para ello, realiza un inventario, tanto de seguridad activa como de seguridad pasiva, para dicha empresa, razonando brevemente cada ítem del inventario y explicando en qué puede favorecer a la seguridad en la empresa.

---

4. Suplantación o *spoofing*

☞ HILO CONDUCTOR

María, como propietaria de Asegral, está muy preocupada por que puedan suplantar digitalmente la identidad de Asegral con otros fines totalmente ajenos a la empresa, repercutiendo directamente sobre la reputación de la misma y generando una mala imagen entre sus clientes.

La suplantación, o más conocida por el término inglés *spoofing,* consiste en un conjunto de técnicas mediante las cuales los atacantes (ciberdelincuentes) se hacen pasar por una determinada entidad o empresa a través de la **falsificación o engaño en sus datos de comunicación.**

Es importante comprender la **diferencia entre el** *phishing* **y** *spoofing.* Aunque ambos términos son muy similares, no son lo mismo.

- ➲ *Phishing.* Asociado normalmente con piratas informáticos y delincuencia cibernética que existen en internet y cuyo objetivo principal reside en obtener información personal, así como datos bancarios (tarjetas de crédito, información sobre cuentas bancarias y las claves asociadas a ambas) de las víctimas a las que atacan. Todo radica en el envío de correos electrónicos falsos de forma masiva a un grupo de víctimas, de tal forma que alguna seguro picará en la trampa y facilitará sus datos. Obviamente, estos correos tienen enlaces a portales que son los que "roban" la información con tu consentimiento.

- **Spoofing.** A diferencia del anterior, con esta técnica se identifica un sitio en la red de redes o un correo electrónico o bien un identificador de llamada, de tal forma que hacen que se piense que son lo que no son (es decir, suplantan la identidad de empresas de las cuales eres cliente para intentar obtener tus datos).

- **Spoofing en phishing.** Actualmente se están mezclando estas dos técnicas por parte de la ciberdelincuencia en internet, con el fin de obtener la información que piden. Si, por ejemplo, quieren conseguir tus claves bancarias, intentarán hacerse pasar por el banco con el que trabajas habitualmente *(spoofing)*, mandándote un correo falso en su nombre *(phishing)*. En el mismo habrá un enlace a una página que no pertenece al ámbito del banco y cuyo fin es obtener tus datos de acceso al banco para "robártelos". Lo normal es que, si no prestas atención, caigas en estas trampas y facilites los datos.

NOTA

Spoofing y firma digital son conceptos que van paralelos pero no unidos, con el *spoofing* se puede capturar una firma digital y hacer uso ilegal de ella.

Actualmente, dependiendo del tipo de tecnología usada para realizar el ataque, la **suplantación** se puede clasificar de diferente forma:

- **Suplantación de IP.** Esta técnica lo que hace es sustituir la dirección IP origen de un paquete TCP/IP por la dirección IP que se quiere suplantar, o realizar *spoofing.* En internet se pueden localizar programas o *software* destinados a tal fin (por ejemplo, *Cain & Abel*). Además debes tener en cuenta que, cuando se produce una respuesta y hay suplantación de IP de por medio, los paquetes o información serán dirigidos a la IP falsa o suplantada.

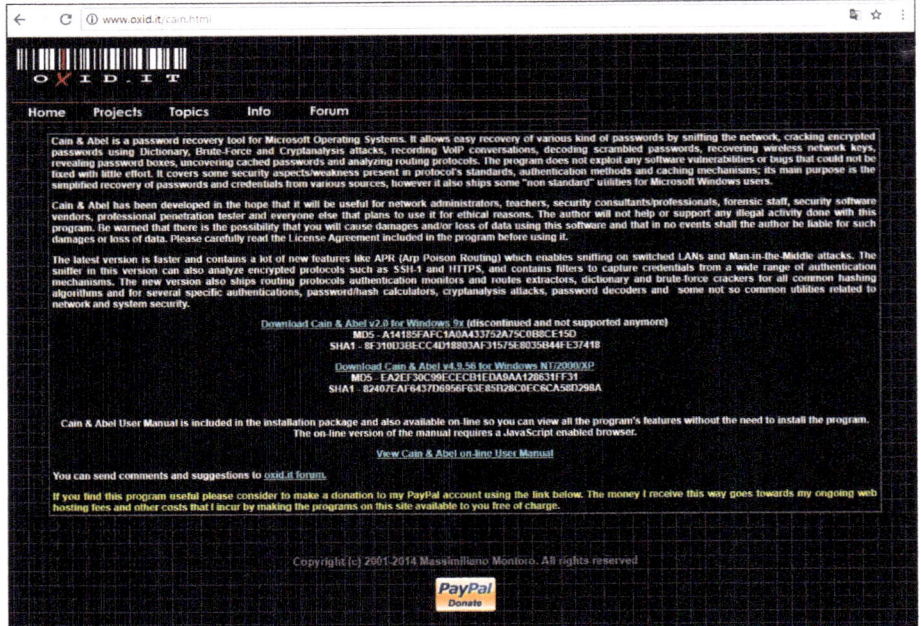

Página principal de Cain & Abel que es capaz de realizar suplantaciones de IP.

● **Suplantación de ARP.** Esta técnica lo que hace es falsificar la tabla ARP, es decir, se modifican las tramas de solicitud y respuestas de ARP con el objetivo de poder falsificar dicha tabla ARP (la cual incluye la relación IP-MAC) de una víctima cualquiera. Con esto se consigue que la víctima envíe la información a un ciberdelincuente, en lugar de hacerlo a donde realmente debería y el usuario no se daría cuenta de nada. En el mercado hay programas o *software* dedicados a la tabla ARP y a localizar las modificaciones o cambios para evitar este tipo de ataques. Un ejemplo es *Arpwatch*.

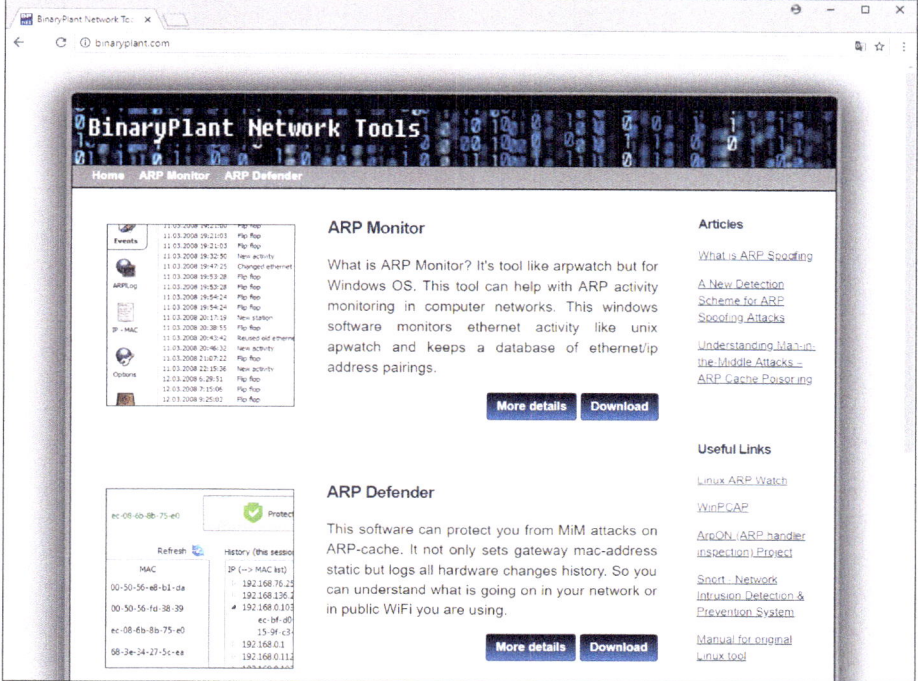

Software dedicado a la observación de la tabla ARP de un equipo o dispositivo informático.

- **Suplantación de DNS.** Esta técnica lo que hace es suplantar la identidad haciendo uso del nombre de dominio (DNS). Normalmente se lleva a cabo en los servidores y con el fin de localizar alguna vulnerabilidad para poder falsificar las entradas DNS; una vez conseguido será el propio servidor infectado el que infecte, a su vez, al resto de servidores a los que se encuentra conectado.
- **Suplantación de web.** Realmente, este tipo de técnica puede confundirse con el *spoofing* pero no tiene nada que ver, dado que se enruta la conexión de un usuario cualquiera (víctima) a través de una página falsa, la cual tiene como objetivo capturar la máxima información posible del usuario.
- **Suplantación de correo electrónico.** Esta técnica consiste en suplantar la identidad del correo electrónico de otras personas o empresas y puede verse como un suplemento o complemento del *phishing*.

PARA SABER MÁS

Accede al siguiente enlace en el que se muestra un vídeo que describe qué es el *spoofing:*

https://redirectoronline.com/ifcm026po0312

 ACTIVIDAD COMPLEMENTARIA

11. Localiza al menos dos empresas, organizaciones o instituciones que hayan sufrido una suplantación de identidad o *spoofing.*

 TAREA 12

Carolina está últimamente obsesionada con la seguridad informática en su empresa, ha sido contratada hace poco por una nueva empresa que ha apostado por el mercado digital y no quiere que nada salga mal. Dado que ha estado mucho tiempo parada, actualmente ha estado recopilando información de seguridad informática para actualizarse y ha visto conceptos como el *spoofing* y el *phishing.*

Tras leer este caso, define dichos conceptos y pon algún ejemplo de los mismos.

5. Principales protocolos de seguridad

☞ **HILO CONDUCTOR**

María, como propietaria de Asegral, sabe que implementar protocolos de seguridad en la digitalización de la empresa en internet es fundamental para que los clientes tengan constancia de que se mueven en un entorno seguro en el que pueden realizar sus transacciones comerciales con seguridad.

El **comercio electrónico** debe garantizar que las transacciones comerciales que se realizan en él son **seguras y de confianza** para los usuarios que deciden hacerlas.

De ahí la necesidad de tener una serie de **protocolos de seguridad** que garanticen que las transacciones comerciales que se realicen sean seguras. Los principales son:

SET · PGP · SSL

5.1. SET *(Secure Electronic Transaction)*

Actualmente **en internet se mueven cientos de transacciones bancarias** correspondientes a negocios o comercios *online* y, además, este tipo de compras está creciendo de forma exponencial.

Debido a que internet no es un medio seguro, hay **terceros que intentan obtener la información de los usuarios con fines delictivos,** y, con el aumento de los usuarios y las compras en este entorno, es necesaria la creación de un protocolo para garantizar la seguridad en las transacciones en internet: **SET, Transacción Electrónica Segura.**

SET, Transacción Electrónica Segura, nació con el objetivo de suplir la necesidad anterior de **garantizar las transacciones en internet.**

IMPORTANTE

Para garantizar esa seguridad en las transacciones, SET se apoya en el uso de criptografía de clave pública y en el uso de firmas digitales.

Para realizar el cifrado de mensajes o información se suele usar un algoritmo de clave pública junto a otro de clave simétrica.

RECUERDA

Un algoritmo de clave pública es el que usa un par de claves pública y privada, una la usa para cifrar la información y otra para descifrar la información.

La clave simétrica es aquella que es empleada en los procesos de cifrado simétrico para poder cifrar y descifrar los mensajes, tanto de la parte del emisor del mensaje como de la parte del receptor del mismo.

A continuación, puedes observar el proceso mediante un ejemplo.

EJEMPLO

Cifrado de clave pública

María José va a escribir un mensaje a Mario. Este mensaje se va a cifrar mediante el uso de un sistema de criptografía de clave simétrica. Para ello se utiliza una clave llamada de "sesión", la cual es generada automáticamente.

Para proceder al envío de esta clave de sesión de forma segura esta se cifra con la clave pública de Mario, usando para ello criptografía pública (asimétrica). Cuando Mario recibe el mensaje, este se encuentra cifrado con la clave de sesión generada aleatoriamente y esta, a su vez, está cifrada mediante la clave pública de Mario.

Continúa en página siguiente >>

<< Viene de página anterior

Ahora se procede a realizar el proceso inverso, lo primero es coger la clave pública de Mario para descifrar la clave de sesión. Una vez que se posee la clave de sesión, se puede descifrar el mensaje y, por tanto, saber qué ha escrito María José. A continuación, puedes ver este proceso visualmente:

Cifrado de clave pública

1. Cifrado del mensaje mediante clave simétrica.

A   Clave de sesión

2. Cifrado de la clave de sesión mediante criptografía de clave asimétrica.

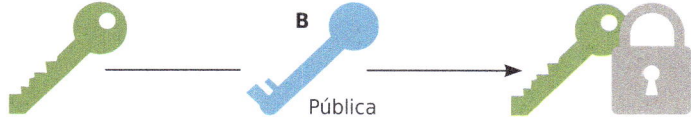

B
Pública

3. Envío del mensaje cifrado y de la clave de sesión cifrada.

4. Descifrado de la clave de sesión.

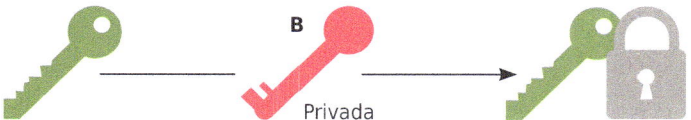

B
Privada

5. Descrifrado del mensaje con la clave de sesión.

B

Visa y MasterCard han sido las encargadas de desarrollar el estándar SET para llevar a cabo transacciones electrónicas seguras en redes del tipo internet (públicas y abiertas). Además, en este proyecto también asesoraron empresas tales como IBM, NetScape y RSA.

El protocolo SET trabaja con las entidades siguientes en un solo medio de pago:

Tarjeta-habiente
- Se denomina así a la persona física que es poseedora de una tarjeta de crédito.

Emisor
- Se denomina así a la entidad financiera que ha emitido la tarjeta que posee una persona física.

Comerciante
- También conocido con el término de "mercader", es la empresa o entidad que realiza ventas o que ofrece servicios de forma digital y por internet.

Adquiriente
- Es la institución financiera que realiza una cuenta con el comerciante mediante la cual procesa autorizaciones y pagos.

Intermediario para pago
- Corresponde a un dispositivo el cual es manipulado u operado por el adquiriente (aunque puede haber casos que se use un tercero de confianza) para procesar los pagos.

Marcas
- Se denominan así a las instituciones financieras las cuales expiden las tarjetas de crédito y que establecen también las reglas de su uso. Además son las encargadas de dar soporte de conexión a las instituciones financieras.

Terceros
- Se realiza el nombramiento de terceros de confianza para realizar transacciones por parte de los emisores y de los adquirientes.

¿Cómo realizar una transacción SET?

El primer requisito que se impone para poder realizar transacciones SET es que cada una de las partes tiene que estar **registrada o validada por una entidad certificadora,** con el fin de poder conocer la identidad de cada parte realmente.

Una vez obtenido ese primer requisito, será el poseedor de la tarjeta de crédito (tarjeta-habiente) el que iniciará el proceso de transacción SET. Para ello seleccionará una serie de productos o servicios que añadirá a un carrito de la compra en un determinado comercio *online*. El poseedor ce la tarjeta de crédito rellena un formulario que aprueba, donde se recogen:

Los productos o servicios a comprar o contratar	Los términos del pago	La tarjeta de crédito que se va a usar (no su numeración)

Una vez hecho esto, el proceso de envío de mensajes usando el protocolo SET comienza cuando se solicita el certificado del intermediario. En este caso el intermediario se corresponde con el comercio *online* donde se está realizando la compra.

Se procede a intercambiar el certificado del comercio *online* junto con el certificado de la pasarela de pago asociada al pago. A continuación, el servidor responderá con el certificado del comercio *online* y con el certificado de la pasarela de pago usada para la transacción.

Cuando se produce el momento de la compra se generan dos **documentos:**

> Un primer documento para el comercio *online* con la información del pedido que ha realizado el cliente y con su firma adjunta

> Un mensaje para la entidad bancaria que ha intervenido en el proceso o transacción

Dicho proceso finaliza con una **confirmación por parte del comercio electrónico** usando para ello su correspondiente certificado.

5.2. PGP *(Entreprise Security)*

PGP se corresponde con *Pretty Goog Privacy* (privacidad bastante buena) y, a diferencia de SET, no es un protocolo sino un programa informático.

Este programa informático ha sido desarrollado por Phil Zimmermann, y su objetivo radica en la **protección de la información que se distribuye a través de internet** usando para ello criptografía de clave pública.

Además, también es posible la autentificación de documentos mediante firmas digitales en este programa.

Puedes acceder al siguiente enlace: <https://www.goanywhere.com/openpgp-studio/download>, y descargar dicho programa para cualquier sistema operativo.

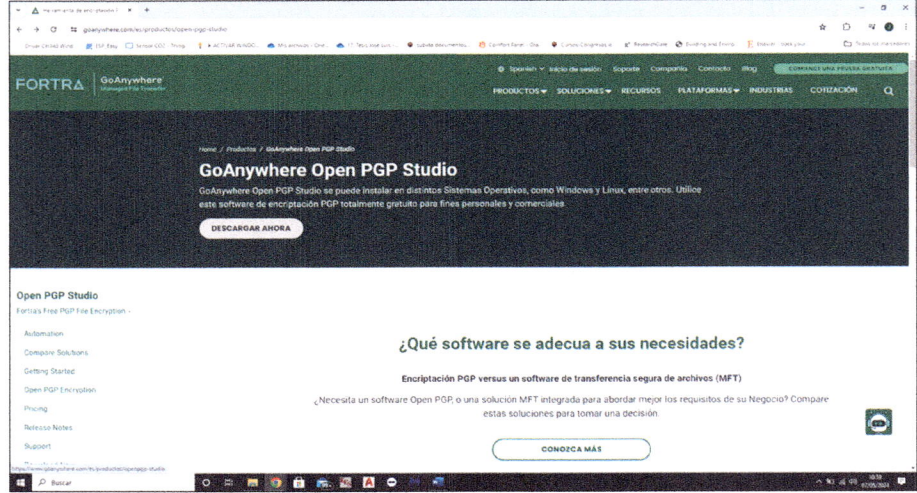

Página desde donde puedes descargar PGP

PGP es un programa que usa al mismo tiempo **criptografía simétrica y asimétrica** (de clave pública y privada). Esto se debe a que el cifrado simétrico es más fácil de procesar que el asimétrico (requiere menos tiempo y menos esfuerzo).

Cuando un usuario accede a PGP para cifrar un texto, o cualquier otro documento, el proceso que tiene lugar es el siguiente:

- **Compresión.** Lo primero que se realiza es una comprensión de dicho documento. Esto aporta la ventaja de que al comprimir se ahorra espacio en disco, se transmite más rápido y se da mayor seguridad criptográfica.
- **Generación de clave de sesión.** Una vez que se tiene el texto comprimido, PGP genera una clave de sesión que solo él conoce y la cual únicamente será usada una vez. La clave que usa la obtiene mediante la generación de un número aleatorio basado en los movimientos del ratón y las teclas pulsadas por el usuario del programa.
- **Cifrado del texto.** Una vez que se dispone de esta clave, se usa, junto con un algoritmo simétrico, para cifrar el texto.
- **Realización del envío.** Cuando los datos están cifrados, se procede a enviar la clave de sesión. Para ello se cifra usando la clave pública del receptor y se añade el texto cifrado. Todo es enviado al receptor.
- **Descifrado de los datos.** Tras llegar todo al receptor, este debe seguir el paso inverso para obtener el texto original. El receptor usará su clave privada para recuperar la clave de sesión que luego será utilizada para descifrar los datos.

A día de hoy, puedes localizar en internet gran cantidad de programas para trabajar con PGP, algunos de ellos son los siguientes:

- **Enigmail.** Es una extensión para *Thunderbird* y permite el cifrado de mensajes de correo electrónico haciendo uso del estándar *OpenPGP*. Como ventaja, se integra en cualquier gestor de correo electrónico sin problema alguno y permite crear diferentes claves para poder trabajar con varias cuentas de correo electrónico.

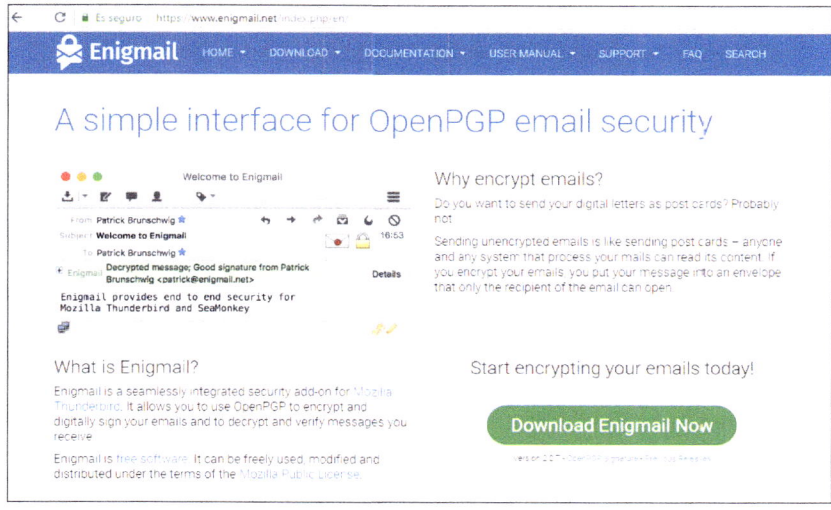

Página principal de Enigmail desde donde puedes descargártelo.

⊃ **GNUPGK.** *Software* basado en GNuPGP y usado para cifrar y descifrar cualquier tipo de archivo informático. Como ventaja, se integra en el entorno *Windows* con gran facilidad y está disponible cuando pulsas con el botón derecho del ratón en el menú contextual que aparece.

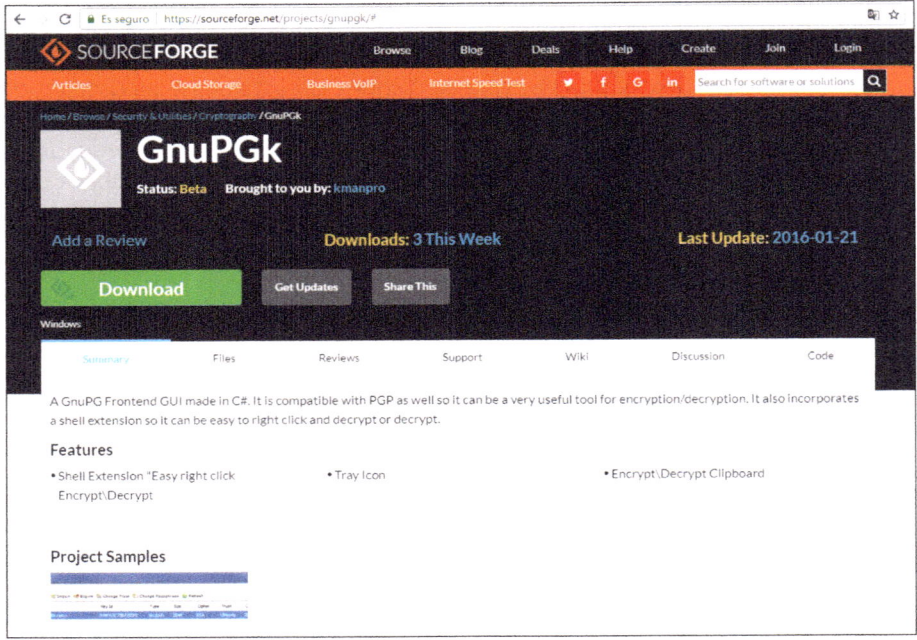

Descarga de GNUPgK desde SourceForge

5.3. SSL *(Secure Socket Layout)*

El protocolo SSL se usa entre las capas correspondientes a la aplicación y la de transporte dentro de un modelo OSI (arquitectura de red por capas).

Su uso más normal es emplearlo junto con el protocolo HTTP, lo que da lugar a la aparición de un **protocolo seguro, denominado HTTPS,** y el cual puede usarse para llevar a cabo transferencias de información (de cualquier tipo) de manera segura en redes públicas como internet, por ejemplo.

De esta forma la información que viaja desde un servidor cualquiera a un usuario determinado (en ambos sentidos) es segura si se utiliza dicho protocolo HTTPS.

IMPORTANTE

La información más sensible como datos personales, contraseñas, información bancaria, transacciones comerciales, imágenes personales, etc., es altamente recomendable pasarlas por dicho protocolo HTTPS.

VÍDEO

Observa el siguiente vídeo en el cual se explica el funcionamiento de OSI o la arquitectura de red por capas:

https://redirectoronline.com/ifcm026po0310

Funcionamiento protocolo SSL

A continuación, puedes ver cómo funciona el protocolo SSL.

Establecimiento de la comunicación

Comprobación de confianza

Generación clave simétrica

Petición HTTP segura

Envío de certificado

Petición HTTP segura

Un usuario cualquiera es el que comienza el proceso mediante una petición HTTP segura usando para ello un navegador cualquiera y con destino a un determinado sitio web (por ejemplo, www.iceditorial.com).

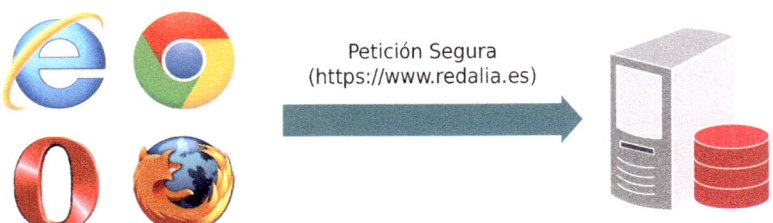

Proceso mediante el cual un usuario empieza una petición HTTPS a un determinado servidor.
Fuente (https://www.redalia.es/ssl/protocolo-ssl/)

Envío de certificado

Este paso consiste en que el servidor donde está alojado el sitio web al que el usuario ha lanzado una petición HTTPS envía al usuario el certificado, el cual ya incluye la clave pública que se maneja en el servidor. En el caso de que el servidor que contiene el sitio web no aloje HTTPS, se producirá un mensaje de error en pantalla.

Envío del certificado y clave pública por parte del servidor al usuario que ha comenzado el proceso HTTPS.
Fuente (https://www.redalia.es/ssl/protocolo-ssl/)

Comprobación de confianza

En este paso entra en juego el navegador que se esté usando para realizar la HTTPS; en este caso el navegador será el encargado de comprobar que la entidad emisora del certificado que ha recibido es de confianza. En caso contrario, se mostrará un mensaje en pantalla indicando que es tu responsabilidad aceptar el certificado.

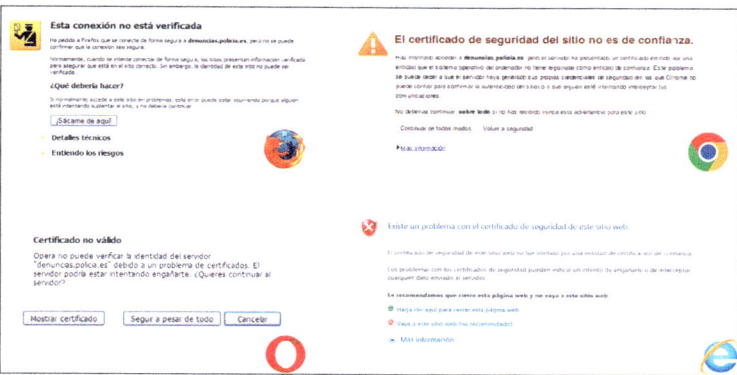

Ejemplo de responsabilidad del usuario en diferentes navegadores web

Generación clave simétrica

Una vez comprobado que el certificado es válido y correcto, el siguiente paso consiste en generar la clave simétrica a usar por parte del navegador. Dicha clave se cifrará mediante el uso de la clave pública recibida por el servidor y será enviada a este último de manera segura.

Establecimiento de la comunicación

Una vez que el servidor recibe la clave simétrica comienza realmente el proceso de comunicación entre ambos, siendo esta comunicación cifrada entre los dos puntos.

Protocolo SSL

SSL

Ahora que sabes cómo funciona el protocolo SSL, quizá te preguntes **cómo puedes saber si un determinado sitio web implementa el SSL.**

Actualmente puedes disponer de varios mecanismos para saber si un determinado sitio web implementa SSL, son los siguientes:

Usar software específico

En internet puedes localizar cientos de páginas que te permiten saber si un determinado sitio web implementa o no SSL. Simplemente con escribir en un buscador "SSL Checker", tendrás a tu disposición miles de páginas para dicho fin.

Por ejemplo, una página que ofrece información sobre SSL *Checker* es la siguiente:

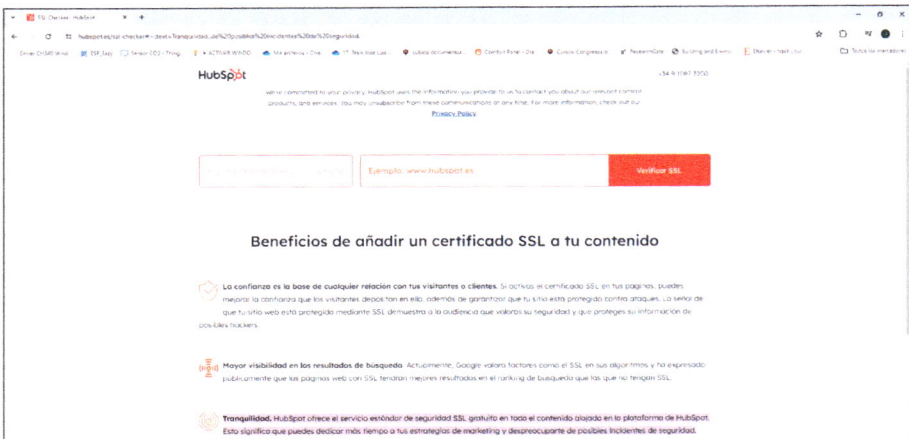

Introduciendo solo tu correo electrónico y la URL del sitio web a analizar recibes la información en tu correo.

Fijarse en la URL

Si la URL del sitio web que estás visitando comienza con HTTP, puede afirmarse que no implanta SSL. Sin embargo si la dirección es HTTPS, se puede decir que sí implanta SSL, otra cosa distinta es que dicho certificado SSL sea correcto y válido.

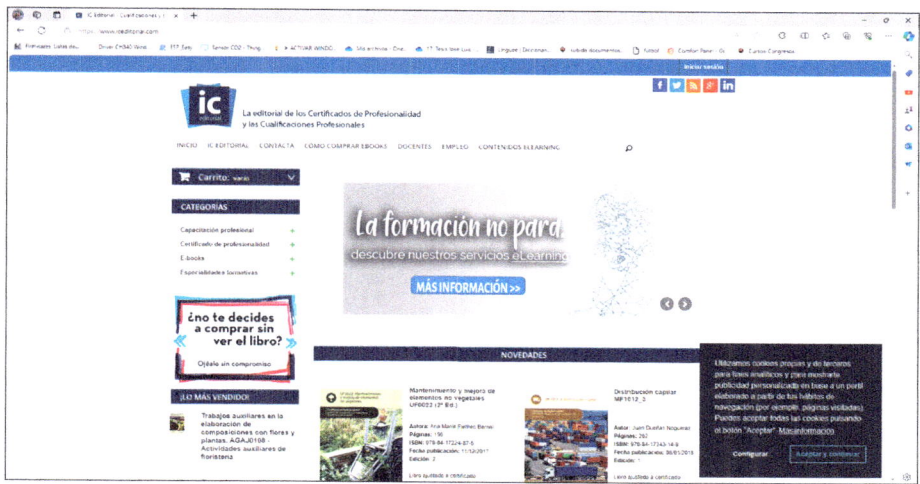

Ejemplo de página web que implanta SSL, ya que comienza por HTTPS

Mirar el candado

Paralelamente a HTTPS, cuando una URL (sitio web) implementa un certificado SSL, se puede apreciar cómo en la barra de direcciones (normalmente a la izquierda, pero depende de la implementación de cada navegador) aparecerá un candado cerrado indicando que dicho sitio web es seguro porque implementa SSL. Además, si con el puntero del ratón haces clic en el candado, puedes obtener información del certificado SSL del sitio web o URL.

Ejemplo de candado cerrado y seguro para la URL mostrada

Validez del certificado

Puede darse el caso de que todas las comprobaciones anteriores sean satisfactorias pero que el certificado SSL haya caducado y no se haya renovado, situación que puedes detectar en el navegador.

En *Chrome,* por ejemplo, debes acceder al menú **Más herramientas > Herramientas para desarrolladores,** pulsar en la pestaña etiquetada como **Security** y allí indicará si el certificado SSL es válido y hasta qué fecha lo es.

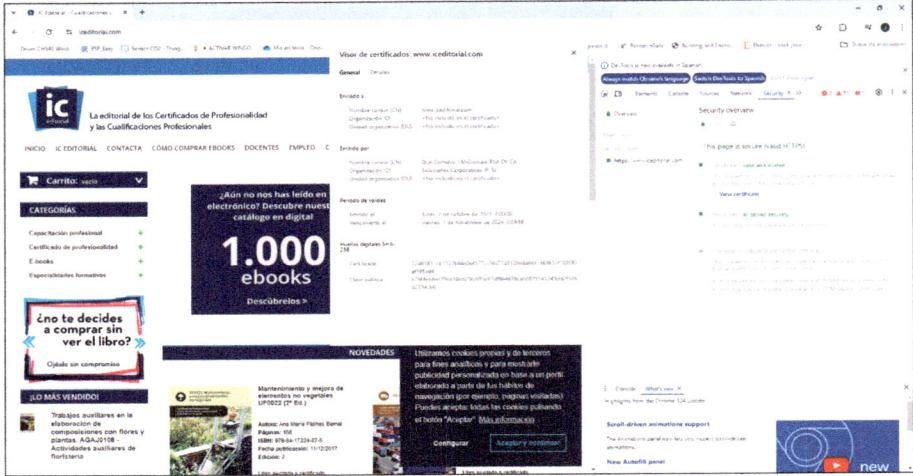

Acceso a la información del certificado SSL mediante el navegador Chrome

TAREA 13

Juan es cliente de un desarrollo *online* al cual compra muchas veces por internet varios productos del día a día: alimentación, productos de limpieza, productos para la cocina, etc. Últimamente se está preguntando en qué consiste el cifrado de clave pública que ha visto que dicha web usa cuando realiza las compras en ella.

Explica en qué consiste dicho concepto usado en el protocolo SET y pon un ejemplo mediante el cual se pueda entender el proceso.

Asimismo, indica qué otros protocolos de seguridad existen para garantizar que las transacciones comerciales que se realizan sean seguras.

6. Resumen

La seguridad en informática es una tecnología cuyo objetivo se centra en la **protección de datos y en las comunicaciones** de una determinada empresa o particular. Debido a que internet está en cambio constante, casi a diario es necesario revisar la seguridad, sobre todo de las empresas.

La seguridad en una empresa se centra en tres aspectos fundamentales:

| Hardware | Software | Redes |

Aunque la seguridad de la empresa también se puede clasificar en función de otros criterios, como son:

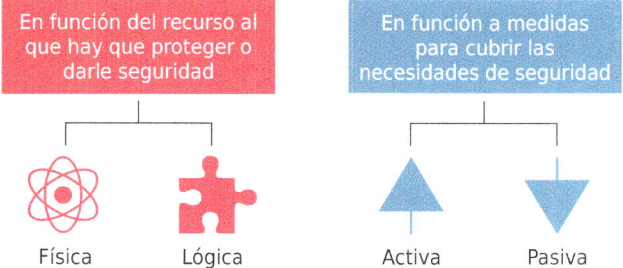

| En función del recurso al que hay que proteger o darle seguridad | En función a medidas para cubrir las necesidades de seguridad |

Física · Lógica · Activa · Pasiva

La **seguridad activa,** o sistema reactivo, es aquella que en informática se destina a prevenir cualquier tipo de ataque en un entorno o sistema informático.

La **seguridad pasiva,** o sistema pasivo, es aquella que en informática se centra en la minimización de los daños causados por un usuario, por un accidente o por algún tipo de riesgo o amenaza informática.

Algunas de las técnicas usadas son las siguientes:

Seguridad de la empresa

Seguridad pasiva
— Usar *hardware* especializado
— Antivirus
— Escaneos completos
— Copias de seguridad
— Desconexiones
— Particionamiento

Seguridad reactiva
Contraseñas seguras —
Encriptación —
Antivirus —
Software de seguridad —
Copias de seguridad —
Análisis periódicos —
Usuarios auxiliares —

Uno de los principales riesgos para las empresas es la **suplantación,** o más conocida por el término inglés **spoofing,** que consiste en un conjunto de técnicas mediante las cuales los atacantes (ciberdelincuentes) se hacen pasar por una determinada entidad o empresa a través de la **falsificación o engaño en sus datos de comunicación.** Las técnicas usadas para ello son las siguientes:

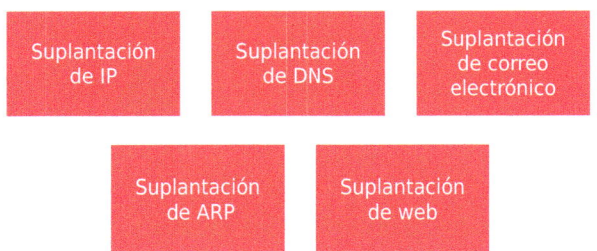

Suplantación de IP

Suplantación de DNS

Suplantación de correo electrónico

Suplantación de ARP

Suplantación de web

Para que el comercio electrónico pueda garantizar que las transacciones comerciales que se realizan en él son seguras y de confianza para los usuarios que deciden hacerlas, dispone de una serie de **protocolos de seguridad.** Los principales son **SET, PGP y SSL.**

Ejercicios de autoevaluación
Unidad de Aprendizaje 3

1. Las medidas de seguridad se centran en:

   a. *Hardware* y *software.*
   b. Redes.
   c. *Hardware, software* y redes.
   d. Todas las opciones son incorrectas.

2. El tipo de seguridad que en informática se destina a prevenir cualquier tipo de ataque en un entorno o sistema informático es:

   a. Seguridad activa.
   b. Seguridad pasiva.
   c. Seguridad física.
   d. Seguridad lógica.

3. El tipo de seguridad que en informática se centra en la minimización de los daños causados por un usuario, por un accidente o por algún tipo de riesgo o amenaza informática es:

   a. Seguridad activa.
   b. Seguridad pasiva.
   c. Seguridad física.
   d. Seguridad lógica.

4. Indica cuál de las siguientes no es una desventaja de la seguridad activa:

   a. Mantenimiento
   b. Coste
   c. Personal
   d. Contraseñas

5. **Indica cuál de las siguientes no es una desventaja de la seguridad pasiva:**

    a. Coste
    b. Almacenamiento
    c. Actualizaciones
    d. Contraseñas

6. **Indica cuál de las siguientes no es una técnica de la seguridad pasiva:**

    a. Usar *hardware especializado.*
    b. Antivirus.
    c. Usuarios auxiliares.
    d. Desconexiones.

7. **Indica cuál de las siguientes no es una técnica de la seguridad activa:**

    a. Contraseñas seguras.
    b. Escaneos completos.
    c. Antivirus.
    d. Encriptación.

8. **El conjunto de técnicas mediante las cuales los atacantes (ciberdelincuentes) se hacen pasar por una determinada entidad o empresa a través de la falsificación o engaño en sus datos de comunicación se conoce como:**

    a. Seguridad activa.
    b. *Phising.*
    c. *Spoofing.*
    d. Seguridad pasiva.

9. **Indica cuál de las siguientes no es una técnica de suplantación de identidad:**

    a. Suplantación de *firewall.*
    b. Suplantación de IP.
    c. Suplantación de correo electrónico.
    d. Suplantación de web.

10. **Indica cuál de los siguientes protocolos no es seguro:**

    a. HTTP
    b. HTTPS
    c. SET
    d. SSL

Glosario

Algoritmo de clave pública
Algoritmo que usa un par de claves pública y privada, una para cifrar la información y otra para descifrar la información.

Almacén de certificados de *Google*
Espacio donde se guardan usuarios y contraseñas, además de los certificados digitales, para que cuando se necesite solamente haya que escoger el usuario o certificado a utilizar e introducir la contraseña correspondiente para su uso.

Amenaza
Evento o persona que tiene capacidad de causar daño en un sistema informático ya sea robando, destruyendo o modificando datos.

Antivirus
Software de seguridad que protege a los sistemas informáticos de los virus, normalmente en tiempo real y que los pone en cuarentena.

Ataques web
Ataques que se producen en aplicaciones de clientes webs desde algún lugar de internet.

Auditoría
Proceso consistente en examinar y revisar un informe cronológico de los eventos de sistema para determinar su significado y valor.

Autoridades de certificación
Conocidas como CA o AC, son entidades de confianza cuyo fin es emitir y revocar certificados, utilizando en ellos la firma electrónica.

Certificado digital
Documento, fichero o archivo informático que se usa para identificarse en la red y que está autentificado por terceros de confianza. Contiene la firma digital.

Certificado raíz
Certificado de clave pública sin firma y que identifica a la autoridad de certificación.

Certificado subordinado
Tipo de certificado que necesita primero establecer un certificado raíz para autorizar autoridades de certificación terceras a emitir certificados en su nombre (del raíz).

Claves criptográficas
Fragmento de información que controla un determinado algoritmo criptográfico, y generalmente corresponde a una combinación de letras y/o números mediante la cual se procede a cifrar la información de un mensaje o documento.

Clave simétrica
Clave que es usada en los procesos de cifrado simétrico para poder cifrar y descifrar los mensajes, tanto de la parte del emisor del mensaje como de la parte del receptor del mismo.

Cliente de correo electrónico
Programas que pueden ser instalados en dispositivos informáticos y que normalmente se usan para leer o enviar mensajes de correo electrónico a otros usuarios.

Confianza
Esperanza firme de que un sistema se comporte como corresponde.

Confidencialidad
Requisito de seguridad que indica que el acceso a los recursos de sistema debe estar limitado exclusivamente a los usuarios con acceso autorizado.

Dominio
En informática e internet es un nombre mediante el cual se identifica de forma unívoca a un sitio web.

Encriptación
Método de cifrado o codificación de datos para evitar que los usuarios que no deben leer o manipular los datos no lo hagan por mucho que capturen

dichos datos. Solo quien tenga la contraseña de desencriptación puede acceder a dichos datos.

Filtración de datos
Proceso que se produce cuando un sistema informático se vuelve inestable por un ataque o vulnerabilidad exponiendo la información que contiene a terceros.

Firewall
Aplicación de seguridad que tiene por objetivo bloquear las conexiones en determinados puertos del sistema informático, sin mirar si el tráfico que proviene es bueno o malo.

Firma electrónica
Conjunto de datos digitales que son utilizados con el objetivo de identificar a un firmante.

Firma digital
Conjunto de caracteres que se añaden al final de un documento o mensaje para informar, dar validez y seguridad al mismo.

Grafología
Ciencia dedicada al estudio de la personalidad de los individuos de una sociedad mediante la interpretación de los aspectos gráficos de su escritura manuscrita. Dicha ciencia se remonta al siglo IV a. C.

Hash
Funciones capaces de crear a partir de cualquier entrada (texto, contraseña, archivos, imágenes, etc.) una salida alfanumérica, la cual representa un resumen de la información de entrada.

IMAPS
Conocido como *Internet Message Access Protocol,* es un protocolo mediante el cual se puede acceder al correo electrónico desde los servidores (remotos) usando para ello un cliente local de correo. Junto con POP3S es uno de los más habitualmente usados para recibir correos electrónicos y son estándares universales a usar en cualquier cliente de correo.

Llavero de instalación de certificados
Aplicación disponible única y exclusivamente en OS X de *Apple* que sirve para almacenar las contraseñas y la información de la cuenta para no tener que recordar y gestionar dichas contraseñas de forma mental, sino de modo digital.

Malware
Programa informático que tiene efectos no deseados o maliciosos sobre un equipo informático.

Marca de tiempo
Se realiza sobre documentos con el fin de asignar fecha y hora a dicho documento, todo digitalmente.

Mecanismo de programación
Método usado por una amenaza para infectar los equipos informáticos.

PGP
Programa informático cuyo objetivo radica en la protección de la información que se distribuye a través de internet usando para ello criptografía de clave pública.

Pharming
Ataque que tiene por objetivo redirigir el tráfico de un sitio web a otro, generalmente falso y con el fin de obtener la información de acceso al mismo.

Phishing
Software de bloqueo de comportamiento que bloquea las acciones que pueden ser potencialmente dañinas para el equipo informático.

Política de seguridad
Conjunto de directrices, normas, procedimientos e instrucciones que sirven de apoyo en las actuaciones de trabajo y definen los criterios de seguridad para que sean puestos en marcha a nivel local o en cualquier otro ámbito.

POP3S
Conocido como *Post Office Protocol Version 3,* es un protocolo usado en el correo para poder recibir los mensajes que manda un servidor a una aplicación cliente local de correo electrónico. Este protocolo permite, estando conectados al servidor, descargar los mensajes y tener la posibilidad de leerlos aunque no se disponga de conexión a internet. Esto es así debido a que los mensajes se quedan almacenados en el dispositivo con el cual se realiza la conexión al servidor.

Protocolo
En informática, es un conjunto de reglas usadas por los ordenadores para que estos puedan comunicarse unos con otros usando para ello una red de datos; visto desde otro punto de vista, el protocolo es un estándar para

controlar o realizar conexiones, comunicaciones y traspaso de información entre dos puntos (emisor y receptor de los datos).

RAM *(Random Access Memory)*
Memoria de acceso aleatorio que es considerada la memoria principal de los equipos informáticos y donde se alojan los programas y datos con los que trabaja el usuario y el sistema operativo; sobre ella se pueden realizar operaciones de lectura y escritura.

Redes punto a punto (P2P)
Red distribuida y virtual de participantes que hacen que una parte de sus recursos informáticos estén a disposición de otros integrantes de la red, sin necesidad de usar servidores y con el fin de poder compartir información entre ellos.

Riesgo
Evento que se ha producido y que imposibilita cumplir un objetivo. En informática, el riesgo se plantea como una amenaza que, dependiendo del grado en que ocurre, es más o menos grave.

Sello de tiempo
Se realiza sobre documentos con el fin de asignar de forma exacta e íntegra un tiempo (fecha u hora) y con la participación de un prestador de servicios de certificación que actúa de intermediario.

SET
Protocolo para garantizar la seguridad en las transacciones en internet.

Sistema de detección de intrusos
Servicio que monitorea y analiza los eventos que se producen en el sistema para localizar intentos de acceso no autorizados al mismo.

Sistema de prevención de intrusos
Dispositivos, en forma de *hardware* o *software,* que supervisan las actividades de la red en busca de comportamientos no deseados con el fin de bloquearlos.

SMTPS
Conocido como *Simple Mail Transfer Protocol,* es un protocolo estándar a nivel mundial para poder enviar correos electrónicos usando internet y un cliente local de correo electrónico.

Spam

Conocido generalmente por "correo basura", es un tipo de correo que suele enviarse en masa a varios remitentes y cuyo fin es infectar los equipos para posteriormente atacarlos.

Spoofing

Conjunto de técnicas mediante las cuales los atacantes (ciberdelincuentes) se hacen pasar por una determinada entidad o empresa a través de la falsificación o engaño en sus datos de comunicación.

SSL *(Secure Socket Layer)*

Protocolo llevado a cabo por la compañía *NetScape Communications Corporation* para ofrecer mecanismos de aislamiento y seguridad.

Vulnerabilidad

Puntos débiles de los sistemas informáticos que permiten a un atacante comprometer la integridad del mismo.

Bibliografía

Textos electrónicos, bases de datos y programas informáticos

→ ACCV: *Certificados de Sello de Órgano*. [En línea]. Agencia de tecnología y certificación electrónica. Disponible en web: <https://www.accv.es/tu-certificado/no-personales/ssl/>.

> Web en la que se tratan los certificados de sello de órgano: para qué se utilizan, dónde y cómo pueden solicitarse.

→ ACEVEDO, F.: *Tipos de certificados digitales*. [En línea]. CMExpress, 2017. Disponible en web: <https://cmexpress.es/tipos-de-certificados-digitales/>.

> Artículo en el que se analizan los distintos certificados digitales actualmente disponibles en el mercado.

→ FNMT-RCM: *Certificación digital*. [En línea]. Fábrica Nacional de Moneda y Timbre. Disponible en web: <http://www.fnmt.es/ceres>.

> Web de la Fábrica Nacional de Moneda y Timbre donde se explican los conceptos asociados a la certificación digital.

→ LÓPEZ, J. M.: *Qué es PGP y para qué sirve*. [En línea]. Hipertextual, 2013. Disponible en web: <https://hipertextual.com/archivo/2013/08/que-es-pgp-y-para-que-sirve/>.

> Artículo en el que se explica el funcionamiento del protocolo de seguridad PGP.

→ REDALIA: *Qué es el protocolo SSL/TLS*. [En línea]. Redalia.es. Disponible en web: <https://www.redalia.es/ssl/protocolo-ssl/>.

> Sitio web en el que explica el funcionamiento del protocolo de seguridad SSL.

→ UNIVERSIDAD DE JAÉN: *Firma Digital*. [En línea]. Universidad de Jaén. Disponible en web: <https://administracionelectronica.ujaen.es/firma_digital>.

> Blog de la Universidad de Jaén donde se explica la Administración electrónica y conceptos relacionados con la firma digital.

→ YAÑEZ, C.: *Tipos de seguridad informática*. [En línea]. CEAC, 2017. Disponible en web: <https://www.ceac.es/blog/tipos-de-seguridad-informatica>.

Artículo en el que se explican los tipos de seguridad informática existentes.